光华札记

（第二辑）

主　编○马　骁　曾道荣
副主编○汤火箭　陈　昊

西南财经大学出版社
Southwestern University of Finance & Economics Press
中国·成都

图书在版编目(CIP)数据

光华札记.第二辑/马骁,曾道荣主编.—成都:西南财经大学出版社,2020.11
ISBN 978-7-5504-4525-3

Ⅰ.①光…　Ⅱ.①马…②曾…　Ⅲ.①读书笔记—中国—现代　Ⅳ.①G792

中国版本图书馆 CIP 数据核字(2020)第 170568 号

光华札记(第二辑)

GUANGHUA ZHAJI(DI-ER JI)

主　编　马　骁　曾道荣
副主编　汤火箭　陈　昊

责任编辑:李晓嵩
助理编辑:冯　雪
封面设计:何东琳设计工作室
责任印制:朱曼丽

出版发行	西南财经大学出版社(四川省成都市光华村街 55 号)
网　　址	http://www.bookcj.com
电子邮件	bookcj@foxmail.com
邮政编码	610074
电　　话	028-87353785
照　　排	四川胜翔数码印务设计有限公司
印　　刷	四川五洲彩印有限责任公司
成品尺寸	165mm×230mm
印　　张	11.75
字　　数	153 千字
版　　次	2020 年 11 月第 1 版
印　　次	2020 年 11 月第 1 次印刷
书　　号	ISBN 978-7-5504-4525-3
定　　价	98.00 元

《光华札记（第二辑）》

编　委　会

第一辑序
在阅读经典中绽放青春芳华

“经典”是人类文化的结晶，是最美好的精神食粮。人类文明的成果，就是通过对经典的阅读而代代相传的。宋朝诗人黄山谷有一句名言:三日不读书,便觉语言无味,面目可憎。钱钟书先生也说过：如果不读书，行万里路，也只是个邮差。阅读经典是一场与大师的对话，也是“能让你悄悄成为你自己”的修行；是获取知识、陶冶情操、提升修养的过程，也是一种理解、领悟、吸收、鉴赏、评价和探究的极佳的思维训练方式。《尚书》中“民惟邦本，本固邦宁”的治国之道,《孟子》中“穷则独善其身，达则兼济天下”的情怀志向,《战争与和平》中的深沉思考,《老人与海》中的勇气与力量……品读经典，能让人拥有广博的知识、宽广的胸怀、崇高的信念和坚强的意志。

然而，曾几何时，数字化时代的阅读逐渐变得碎片化和快餐化，深度阅读正在消失，阅读经典显得弥足珍贵。陈宝生部长在新时代全国高等学校本科教育工作会议上强调，要推进本科教育“回归常识”。作为“四个回归”中的一个重要方面，回归常识就是学生要刻苦读书，认真学习。青年学生的第一任务就是读书学习。高校要引导学生读“国情”书、“基层”书、“群众”书，读马列经典、优秀传统文化经典、中外传世经典和专业经典。阅读让青年学生更好地做到正确认识时代责任和历史使命，正确认识世界和中国发展大势，正确认识中国特色和国际比较，正确认识远大抱负和脚踏实地，更好地面向实际、深入实践，以知促行、以行求知。

习近平总书记素有“书迷”之称，从经史子集到马列经典，从唐诗宋词到中外文学名著，从汤显祖到莎士比亚……近年来在多个场合中，习近平总书记提到了100多本经典著作，为我们开出了一张融汇古今智慧、极具时代价值的书单，为我们读好书提供了一份阅读指南。他在多种场合勉励党员干部和广大青年要将读书作为增强本领、提高修为、担当大任的重要途径。高校回归常识，就是要按照习总书记指出的，引导学生求真学问、练真本领，成为有理想、有学问、有才干的实干家，更好地为国、为民服务。

书香沁人，笔墨流芳。近年来，西南财经大学不断深化人才培养模式改革，成立“名著阅读工作领导小组”，出台《名著阅读工程实施办法》，大力推动“名著阅读”工程建设，引导学生阅读经典，培养学生良好的阅读习惯，提升学生的人文素养，促进学生在学识文化、道德伦理、人格气质等方面全面发展，并取得显著成效。

在推进“名著阅读”工程中，学校教务处指导成立了光华读书社。读书社秉持“以文会友，以友辅仁”的精神，开展“‘四方馆’主题分享会”“阅读漂流日记”“朗读人”等阅读活动。同学们捧卷而来，意气风发，侃侃而谈，或倡导传承中国传统文化精神，或剖析中国社会的昨天与今天，或探寻世界优秀文化成果，或分享学习习近平总书记七年知青岁月的故事。到目前为止，读书社已成功举办两届读书笔记大赛，并最终选出40余篇作品结集出版，命名为《光华札记》，定为第一辑，涵盖“文学篇”“经济篇”“历史哲学篇”“社会政法篇”四篇。文学篇中，同学们徜徉山水之间，“顿觉岁月缝花，怦然悸动，忽如重历一遍往常，见自己，见天地，见众生”；经济篇中，同学们探求金融的逻辑，去理解“金融的核心是跨时间、跨空间的价值交换”；历史哲学篇中，同学们回到那个群星闪耀的万历十五年，“从细枝末节处再来推断那山雨欲来风满楼的前兆，以今人的角度思考和评判万历年间发生的或传奇、或荒诞、或悲剧的历史故事”；社会政法篇中，同学们跟随林达的步伐，走向历史深处的忧虑，“怀着朝圣者般的心境，准备窥探作者犀利的见解”……

博尔赫斯说过：如果世界上有天堂，那它一定是图书馆的模样。如今知悉《光华札记（第一辑）》出版，不由欣喜且欣慰。相信《光华札记》系列图书的出版能成为引导广大青年学生爱国、励志、求真、力行的一种积极探索，成为西财青年学子通过阅读经典而创造出自己的“经典”的有益尝试，成为学校建设世界一流学科、迎接百年华诞的一份厚礼。

是为序。

赵德武 卓志

2018 年 6 月

（赵德武，西南财经大学党委书记；

卓志，西南财经大学党委副书记、校长）

第二辑序
青春与智慧的光华

读完《光华札记（第二辑）》的文稿，不胜感慨。短短两年间，西财学子们阅读名著的体会文章又将结集出版，真是可喜可贺。札记的内容丰富，书写了学子们对文学艺术、历史文化、哲学思想、政治经济以及社会现实等方面名著的阅读感受，大多文章展示的思想认识、精神气质、审美观念以及文笔水平都让人称道。这本文集的出版，不仅再次闪现着西财学子们青春与智慧的光华，也是西财“名著阅读工程”的又一丰硕成果。

西财为了培养适应国家发展需要的优秀人才，不断推进人才培养模式改革，他们在教学内容、教学方法和管理措施方面进行创新，其中一项就是“名著阅读工程”。为了使这项工程顺利推进，学校专门成立了“名著阅读工程”工作领导小组，制定了名著阅读工程实施办法，其目的在于鼓励和引导学子们阅读经典，让学生学贯古今、融汇中外，从而提升学生的人文素养，促进学生在学识文化、道德能力、人格气质等方面的全面发展。为了打造适合学子们阅读交流的平台，西财还成立了光华读书社。在教务处及各有关部门的大力支持和指导下，读书社坚持举办“读书笔记”活动与各种征文活动，邀请专家学者开设读书与写作等方面的讲座，还连续举办了四届读书社笔记大赛，极大地调动了学子们读名著的自觉性和热情，并取得了显著的成效。第一、二届读书笔记的大赛成果不仅以《光华札记（第一辑）》正式得以出版，其中部分优秀的文章还获得了“四川省高校创作人才选拔赛征文”“大美四川征文”等大赛的一、二、三等奖和优秀奖。这样既有特色又富有成效的“名著阅读工程”活动，不仅在财大产生了积极的作用，其经验也值得各兄弟院校学习。

《光华札记（第二辑）》收录读后感文章32篇，分为社会政治篇、文学篇、经济篇、历史哲学篇四个部分。在各类名著的读后感中，我们看到了西财学子们在知识视野上开阔的眼界、良好的人文素养与优秀的专业才华。

我们欣喜地看到，读了社会政治方面的名著后，学子们加深了对中国特色社会主义与治国理念，民众心态与社会现实，改革开放的成就与发展前途等中国国情的理解，从而更加热爱自己的祖国。我们听到了这样的誓言：“我辈青年应以担当中国改革发展为己任，即使石烂海枯，此身尚存，此心不死。”他们充满了当代青年的自信——“我们，能让中国变得更好。”面对这样的壮志和豪情，我们为之感动。读了文学名著后，学子们对社会生活、人性的复杂性、理想与现实的差距以及人生的得与失都有了更多了解，尤其是对青春的认识有了新的思考。正如一位作者所感：“我悲伤失落时，我想起书中那些平凡世界里，无畏奋斗的追梦者们。人生就是永不停止的奋斗，只有选定目标，并在奋斗中感到自己的努力没有虚掷，这样的生活才是充实的，精神也会永远年轻。”读了经济名著，学子们对国有经济和民营经济的不同作用，价格机制与市场经济，改革开放与国计民生等知识有了更多的了解，更进一步地提高了自身的专业认知能力。有同学还提出了发人深省的问题：“前人的艰苦奋斗，为我们带来了今日改革开放之硕果，作为当代青年，我们又能为后来者留下些什么呢？”这是一种强烈的责任感，也是学习本领和乐于奉献的内在动力。读了历史哲学名著，学子们对历史事件、人物以及历史的作用也有了新的认识，更懂得用辩证批判的眼光去对待历史。有同学体会到：“我们学习历史，应该站在历史的角度去抉择，去思考真实的历史，去考虑历史的现实条件。”他们在对中国文明发展史的认知中，增强了文化自信、民族自信。为此，我们看到了这样的心灵：“沁润在中华文化的海洋里，我便永不干涸。”

总体来看,《光华札记(第二辑)》反映出学子们多方面的可喜收获,各类名著的读后感体现出了他们热爱学习、勤于思考而积累的丰富知识和具备的良好综合素质,同时也充分表现出他们爱国的赤子之心和强烈的青春使命感。这是十分难能可贵的,是值得赞扬的。但也需要看到,由于人生阅历的局限和读书方法的欠妥,有少数文章的阅读感受还不够深刻与独到,个别文章还存在着认识的片面性。但这些问题,随着学子们生活阅历的丰富和读书方法的完善,自然是会有效克服的。

罗曼·罗兰认为:“世界上只有一种英雄主义,就是认清生活真相之后仍然热爱生活。”这是智者的认识。要成为生活的强者,需要从知识中获得人生拼搏的力量和追求幸福的资本。在光华读书社的“读与写”讲座上,我曾谈过:“精读名家经典,走进贤达境界。选读各类书籍,方能兼收并蓄。走读天地大书,任我特立独行。”与名著相伴,我们将拥有最智慧的知音,并受其影响追求高境界的人生。但仅读名著是不够的,我们还要阅读一些虽不是名著但对自己有助益的书籍,更需要下苦功读好天地间社会生活这部大书。同时,学子们还要注重在读书中边学边用,活学活用,多思多用,用出成效。

习近平总书记希望大学生“用青春书写无愧于时代、无愧于历史的华彩篇章。”西财的学子们意气风发，正在脚踏实地践行总书记的教导。我们相信，他们不仅是在校期间志存高远、勤奋读书、刻苦修为，也必在将来为中华民族伟大复兴贡献出自己的智慧和力量，实现青年时代美好的梦想。

2020年7月18日

（干天全，四川省写作学会会长、

《中国乡土文学》总编辑、

四川大学教授，

西南财经大学光华读书社名誉社长）

目　录

社会政法篇

文学篇

经济篇

历史哲学篇

社会政法篇

科学的共产主义观

——读《共产党宣言》有感

文/裴　雪

《共产党宣言》最精彩的地方在于通过反驳资产阶级关于“共产主义”的诘难来阐述科学的共产主义观，从而展现共产主义的优越性。

马克思是全世界无产阶级和劳动人民的革命导师，是马克思主义的主要创始人，是近代以来最伟大的思想家。即使在200年后的今天，马克思主义以其科学性、革命性和实践性仍然闪烁着耀眼的光芒，焕发着新的活力与生机。

《共产党宣言》先对资产者与无产者进行了介绍，说明了共产党人同无产者的关系，接着说明了共产党人的性质、历史任务和理论原理，最后分析了共产主义社会和资产阶级社会的区别。

关于资产阶级对共产主义的诽谤、非议和责难，马克思也逐条进行了回答和批驳。这一部分内容精彩绝伦，文中时常出现的设问、反问引人入胜。在马克思以辩论的形式反驳这些抨击、回应这些质疑的过程中，体现出了共产主义目的和行为的正确性，也体现了它相对于资本主义的优越性。“共产主义的优越性”是我在整篇文章中最为关注，也最让我受益匪浅的部分。它并未明确出现在某一个特定的板块中，而是交织穿梭于对资产阶级、无产阶级等基本概念的正面论述中，尤其体现在反驳资产阶级关于“共产主义”的诘难的内容之中，可谓贯穿整本宣言。我在此提炼了七点通过《共产党宣言》对资产阶级诘难的反驳来阐述《共产党宣言》中共产主义观的内容，与读者分享。

第一，共产主义要消灭私有财产权。这不是说要变个人财产为社会财产，而是要废除现代资产阶级形式下的财产所有权：占有着本应属于集体产物的资本，创造着只有靠不断剥削新的雇佣劳动才能增加的财产。

资产阶级听到共产主义者想要消灭私有财产权就惊慌起来了，责备说他们想要消灭靠自身劳动得来的，构成个人自由的财产所有权！这话乍一听好像没问题，但是真是靠自身劳动得来的吗？不，这样的财产权完全是靠剥削他人劳动得来的。至于说消灭自由，资产阶级所谓的自由也完全不是我们现在理解的自由。在资本主义的生产关系中，所谓自由不过意味着贸易的买卖自由。因此，这样的自由只对资产者有意义，对广大工人阶级来说毫无意义。

马克思说，当今社会中90%的成员的私有财产已经被消灭了，但这种财产之所以存在，正是因为它在90%的成员中间已不存在。可见，共产主义的特征并不是要废除一般财产所有权，其想要消灭的是以“社会上绝大多数人没有财产”为必要条件的财产所有权。这也论证了“无产阶级的运动是为大多数人谋福利的运动”这一观点。

第二，共产主义要消灭雇佣劳动。消灭雇佣劳动和消灭私有财产权是一脉相承的，消灭私有财产权就意味着要消灭资产阶级的雇佣劳动。在雇佣劳动中，工人靠自己的劳动结果获得的工资仅够勉强维持生命，工人仅仅为增值资本而活着，并且只有在统治阶级的利益需要他活着的时候才能活着。资本主义通过雇佣劳动做的事情是压榨工人来增值以前积累起来的劳动；而共产主义要做的事情是利用已经积累起来的劳动去丰富和便利工人的生活，两者对比，立见高下。

说完这两点，就不得不提一种对共产主义常见的质疑声：私有财产权一旦消灭，一切活动就会停止，懒惰之风就会盛行。在这个层面上如何能说共产主义好呢?

我找到了解释这个问题的两种方式，一是从反面回答，二是从正面回答。马克思在《共产党宣言》中采取的是反面回答的方式，“这样说来，资产阶级社会早就应该因懒惰而灭亡了，因为在这个社会里是劳者不获，获者不劳的”。确实，资本主义都没有因“懒惰”而灭亡，自然没有理由说共产主义会因此而灭亡。但这只是从共产主义的反面——资本主义来解释这个问题，如何从正面直接说明懒惰之风盛行的现象不会出现呢？从“消灭私有财产权”“消灭雇佣劳动”的定义中可以找到答案。

共产主义者根本不打算消灭个人占有，而只是想消灭这种占有的微薄性，即消灭工人仅仅为增值资本而活着，并且只有在统治阶级的利益需要他活着的时候才能活着的这种现象。这也就回答了之前关于懒惰之风盛行的问题。消灭阶级性的私有财产权不等于消灭生产，因为共产主义并不剥夺任何人占有社会产品的权利，它只是剥夺利用这种占有来奴役他人劳动的权利。

回答完上述问题，我们继续回到对共产主义优越性的梳理当中。

第三，共产主义要消灭教育。无论是消灭教育还是消灭家庭，两者都不能从字面意义上理解。教育实际上是由社会、社会关系决定的。这里要消灭的教育是资产阶级的教育，对大多数人来说，资产阶级的教育都是把人变成机器附属品的教育，是为资产阶级服务的。所以共产党人要改变这种教育的性质，使教育摆脱资产阶级的影响。

第四，共产主义要消灭家庭。消灭家庭不能仅从字面意义上理解，否则就会出现跟当时的人们一样的质疑：怎么可以没有家庭呢？但事实上这里的家庭是现代资产阶级心中的家庭，这种家庭的充分发展形式只有在资产阶级中才存在。 而这样的家庭是什么样的呢？ 资产阶级撕破了家庭关系中笼罩着的温情脉脉的面纱， 并把这种关系转化为金钱关系。资产者把自己的妻子当成生产工具看待， 把儿女看成简单的买卖对象和劳动工具， 他们以支配妻女为乐。 所以马克思才说“资产阶级那一套关于家庭和教育， 关于父母和儿女亲密关系的空话， 听起来令人作呕”。因此， 共产主义者才想要消灭这样的家庭， 其本质是想要废除父母对儿女的剥削。

第五， 共产主义要废除祖国和民族。 有人说， 共产主义要废除祖国的概念， 是背弃国家、 抛弃民族的行为。 受到这种质疑是因为“工人无祖国” 是马克思主义的一个基本观点。 但它的真实含义是： 其一， 无产阶级的斗争不应该被狭隘的国界、 民族界限所隔离， 无产阶级的斗争是国际的、 整体性的事业， 无产阶级革命始终强调无产者不分国界的联合与支持。 其二， 强调无产阶级革命利益高于资产阶级民族国家的利益。 资本主义国家本质上是属于资产阶级的专有物， 工人饱受压迫， 资产阶级几乎垄断着一切政治、 经济统治权， 这样的“祖国” 对工人来说有害无益。 无产阶级的阶级敌人是国际的， 无产阶级的解放条件也是国际的， 并且国际团结比民族团结更为重要。 因此， 在这个意义上， 国家和民族就的确不存在了。

第六， 共产主义要废除思想。 为什么要废除思想呢？ 因为任何一个时代的统治思想都不过是统治阶级的思想， 但人们的思想观念是随着社会关系而改变的， 因此马克思要消灭的是为资产阶段服务的思想。

但还有一些永恒不变的真理， 如自由、 正义等， 在社会发展的各个阶段都是共同的。 对此， 马克思是这样解释的： 过去的一切历史都是阶级斗争的历史， 存在剥削是过去各个世纪共有的事实。 因此， 无论思想本身表现得如何纷繁复杂， 它们都一定隐含着阶级对立的共同形式。 之所以有目前为止永恒不变的真理的存在， 就是因为先前所有社会都存在着永恒不变的剥削。共产主义社会要在自己的发展进程中同过去遗留下来的所有制关系和传统观念实行最彻底的决裂。

第七，无产阶级要成为新的统治阶级。过去的一切历史都是阶级斗争的历史，一切的革命结果都只不过是用新的阶级、新的压迫条件、新的斗争形式代替旧的。这也是共产主义一直以来所批判的。但共产党人的目的是使无产阶级成为统治阶级，推翻资产阶级的统治，由无产阶级夺取政权。

无产阶级夺取政权只是手段，而不是共产主义者想要达成的结果。马克思在《共产党宣言》中列出了推翻资产阶级的方法。其实，在实施这些措施的过程中，在无产阶级推翻资产阶级的过程中，阶级的差别就会慢慢消失，就会逐渐把阶级对立状态存在的条件以及阶级本身存在的条件一并消灭。代替阶级对立存在的，将是一个以每个人自由发展为一切人自由发展的条件的联合体。

以上七个方面在一团团的迷雾中展现了共产主义的优越性，表达了对共产主义的科学理解，是科学的共产主义观。我觉得《共产党宣言》的伟大之处在于，它用了尽量客观的分析方法来论证共产主义的优越性，它的立场是无比坚定且毫不妥协的，它的前提是充分的，它的逻辑是严密的，它的剖析和指责的眼光是犀利的。这一著作是永垂不朽的，其中包含的独特审视、严谨批判和不凡建树，是它在当代依然能放射光芒的原因。

在资产阶级的重重包围和剥削压榨下，如果无产阶级追求妥协、立场动摇、盲目革命，结果必然有异。而《共产党宣言》就像黑暗中的一道光，打破愚昧，打破谎言，打破盲目，为无产阶级的前进指引了一条共产主义的道路。

巍巍然兮我中华

——读《习近平新时代中国特色社会主义思想三十讲》有感

文/史珂璇

“天地玄黄，宇宙洪荒。日月盈昃，辰宿列张。寒来暑往，秋收冬藏……”在广袤无垠的大地上，一间小小的瓦房下，朗朗的读书声，萦绕盘旋着升上浩瀚的云霄。

这里，群山连绵，梯田层叠，只可看见山的头，看不见山的尾。这里，是蓝色星球的北半星空，是红色雄鸡的展翅之处，东方炎黄之中国，洞庭湖南亦称湘。

“江河万里总有源，数高千尺也有根。”我就是在这里长大的。在一栋长条形的二层瓦房下，我拥有了独一无二的童年。而这时的中国，也在浪潮汹涌中奋力前行。

当我翻开这本书——没有任何花纹、图像做封面，只有以淡黄色为底、书名为鲜红色宋体字的《习近平新时代中国特色社会主义思想三十讲》时，我的眼前就浮现起上述画面。它不是小说，没有跌宕起伏的情节，却勾画出了几十年的社会变迁；它不是传记，没有点点泼墨、血肉相加，却塑造出了一代又一代中华儿女无畏、坚毅、智慧的形象。“中国”，是这本书里出现频率最高的词，是全书围绕的中心对象；“时代”，是这本书里讲述的无数中国故事的缩影，是连接眼前文字与脑海画面的主要桥梁。

“中国特色社会主义是在近代以来中华民族由衰转盛170多年的历史进程中得来的。”从1949年中华人民共和国成立，中国才彻底推翻了“封建”与“殖民”的大山，中华儿女才挺直腰板、当家做主。但刚从战火、抗争中走出，就意味着一切都要从头开始，一切都要从零起步。

我依稀记得在我幼年时，家门口有一条河流——那是我最常去，并且最爱的地方。河流不算宽，在河的两岸稍喊一声便能互闻；河流不太长，幼年的我，却一直望不到底。我的母亲经常带我去河边浣洗衣物，如果是夏天，她在洗衣服的时候，会顺便把我剥个精光放在上游——她正好可以看着我，让我不被并不湍急的河水冲走；如果是冬天，我不忍心看着母亲冻红的双手，每次都尽力为她帮忙，虽然可能全程只洗完一双自己的小袜子。

我从来没有问过母亲为何不用热水，因为我亲眼见到家里每次烧水都要很久很久，有时甚至还要用完两个蜂窝煤。那是个相当大的水壶——至少在我幼年时期看是这样的——它长年累月地待在煤炉上，除了炒菜的时候暂时端下来，做完饭后又会把它放到炉灶上去。

这是21世纪初期湖南偏远乡村生活的小小缩影，而我的爸妈都是辛勤的工作者，他们都是人民教师。除此之外，他们还有个身份：中共党员。那时的物质仍然匮乏，县城生活仍然贫困、拮据，但我从小就知道，这种境况一定不会持久，因为我的父母每时每刻都在辛勤工作，他们将会用双手创造财富，用智慧填补暂时的短缺与匮乏。我知道，在政治清明、社会安定的国家，经济从零开始到指数爆炸式增长的奇迹局面，在全国人民同心协力、坚定不移的努力下都将指日可待。因为这里没有资本积累的剥削，这里一定会越来越富强，这里的人民生活一定会越来越富裕——这就是我的家国梦，是中国梦的亿万小梦之一；这就是中国梦的本质：国家富强、民族振兴、人民幸福；这亦是我们上到国家，下到每一个微小个体的自信，坚持坚定于中国特色社会主义的道路自信、理论自信、制度自信、文化自信，自强自信于开辟新天地、创造新奇迹、民族奋勇前进。

再后来，我独自前往外地求学，每年只在寒暑假时回一趟家。偶然一次，我打电话回家问妈妈：“妈，最近家里在忙什么呀？”“你爸最近忙扶贫呢，你回家看看你以前的学校，都建了新教室和新操场呢！”

直到这时候，“扶贫”二字才算正式进入我的视野。我的小家只是县城里万千家庭中最普通的一家，因父母辛勤的劳动，从来说不上贫穷，当然也说不上多宽裕。但我在听到“扶贫”两个字的时候，心中顿时像划过一道电流，欣喜的眼泪夺眶而出。

“章服之美谓之华，礼仪之大谓之夏。”中华民族，自古便将物质丰盈与精神高贵写入了祖训。但贫困，在穷山恶水处，难以走出，难以摆脱，毕竟“靠山吃山，靠水吃水”。我亲眼所见那摇摇欲坠的木屋瓦房，我亲耳所闻那无奈痛苦的家庭选择，我亲身感受到了一方贫困下，衣食住行成为难题，更不要说教育、医疗资源的匮乏……

但幸然，在一代代人的努力下，贫困问题也得到了逐步改善。中华儿女从不缺少对美好生活的渴望与追求，中华儿女从没有在任何艰难困苦的环境下一蹶不振、倒地不起，中华民族在一名名中华儿女的加成下成为永不言弃的巍巍之族。

但幸然，在一代代为度过积贫积弱、任人宰割时期的各种主义和思潮的探索中，我们遇见了中国特色社会主义，我们定义并创造了它，我们还将坚定不移地发展并延续它。如习总书记所言，“‘求木之长者，必固其根本；欲流之远者，必浚其泉源。’找到一条好的道路不容易，走好这条道路更不容易。”只有在中国的基本国情下，才会有“扶贫”乃至“精准扶贫”的政策出现；只有在中国共产党的领导下，才会有

“扶贫”工作在经济、教育、社会等多方面开展得轰轰烈烈。

而就在我上次放假回家，发出一声声对所见所闻的惊叹后，我彻底热泪盈眶。

在这里，依然群山连绵、梯田层叠，只可看见山的头，看不见山的尾。在这里，依然是蓝色星球的北半星空，是红色雄鸡的展翅之处，是滔滔长江分流下的湘江一线，是洞庭湖畔的一声声欸乃。

但在这里我还看见了一条条宽阔顺畅的道路，一栋栋安全稳固的住房，家家户户张灯结彩、喜气洋溢。我突然发现，这里已经不再有小镇小城的局促之感，这里那朵名为“贫困”的乌云正在被慢慢吹散、送远。

“爸，扶贫工作怎么样了？给我说说你自己的或你见到的故事呗！”

“那我给你看一段话吧，这是一个年轻的小伙子今年报名帮扶工作的申请。”

“在这里扶贫短短一年，感触良多，虽然工作很累，但是能为老百姓做些事情，我感到内心很踏实。目前我家里情况很特殊，我父亲确诊为尿毒症，同时还患有高血压、冠心病，需要长期透析治疗。我老婆带着孩子在偏远山区教书，母亲只能申请提前退休，照顾父亲。但他们都很支持我的工作，我认为我还是可以克服这些困难，再赴扶贫战场，干好工作。今年的驻村帮扶工作请帮我报名。”这是一条2019年的短信，此外我还得知，这位“90后”扶贫干部的单位不在我老家的县城，他自己要在两地奔波工作，并且与他的家人分隔四地。

这位扶贫干部吹响了青春赞歌，但这支青春赞歌不止一个优秀青年吹响，而是千千万万个，甚至亿亿万万个。

我还走进了我从前的小学，原本歪歪扭扭的课桌椅已经修葺一新，多媒体投影仪也走进了每间教室，每条河流、每个水塘旁都修好了围栏，甚至在每天，孩子们都能吃到政府免费发放的营养餐！我沿着自己从前的足迹慢慢走过，再也见不到曾经和同学一起玩耍的那片黄色土地，再也见不到坑坑洼洼的泥泞的操场空地。

“实现伟大梦想，必须进行伟大斗争、建设伟大工程、推进伟大事业。”这是在党的正确领导下，才能出现的壮丽赞歌；这是在亿万人民的共同实干下，才能出现的强大力量。“消除贫困、改善民生、逐步实现共同富裕，是我们党的重要使命。”自党的十八大以来，脱贫攻坚战呈现新局面并取得决定性进展：6 000多万贫困人口稳定脱贫，贫困发生率从10.2%降到4%以下，创造了我国扶贫史上的最好成绩，并且为全球的贫困治理问题提供了解决范本。但我们也要清醒地认识到，我们离脱贫之战的完全胜利还有一段距离，同时，扶贫之路不能忘了扶志与扶智，要全国人民上下一心，共同决胜全面小康。

“天地玄黄，宇宙洪荒。日月盈昃，辰宿列张。寒来暑往，秋收冬藏……”熟悉的吟唱再次在耳旁响起，这次眼前不再是那广阔的黄色土地，而是一面冉冉升起的五星红旗！在阳光下，原本金黄的肥沃土壤都仿佛失了色，我的视野里只有那鲜红的五星红旗，红得热烈，红得发亮，红得让我热泪盈眶！

我深信，只有教育才能让这方土地走出艰苦贫瘠；我也深信，只有信仰才能让一方人民创造生生不息的幸福源泉。而当下的扶贫攻坚，就是在民族与国家之全力下做这件最重要的事；当下的万千家庭，就是在响应传统与时代的召唤下做最美好的奋斗。这足以让我相信，农耕时代一饥两饱的时光将一去不回，贫穷年代野生野长的危险已被束之高阁。

民生与时代，中华与世界，是我从这本书里直接读出的文字，也是我心里最热切与最渴望表达的心声！民生为本，时代为轴，拉动岁月的车轮载着中国的厚重与锐意昂首向前；中华为根，世界为地，中华之于世界反哺屹立，世界之于中华滋养与包容，使宇宙苍穹枝繁叶茂，使所有文化各美其美、美美与共。

中华，是由一个个儿女拼写而成的；中华，是由一年年岁月刻在我心深处的。最后，我只愿新时代下的中国，坚定着有中国特色的社会主义，由中国共产党带领着所有中华儿女：

愿之巍巍然兮，在“层林尽染，百舸争流”下河清海晏、国富民强；

愿之巍巍然兮，从“天地玄黄，宇宙洪荒”中开天辟地，千年盈昃；

愿之巍巍然兮，在“寒来暑往，秋收冬藏”里昼夜更替，星河流转；

愿之巍巍然兮，在“天朗气清，惠风和畅”中共赴盛世，风华正茂。

艰难困苦，玉汝于成

——读《习近平的七年知青岁月》有感

文/张瑞雅

人人都有自己的青春时代。而之后人生历程中拉开的差距，除了受到所处的不同客观环境、客观条件的影响外，很大程度上与青年时代的主观世界、主体努力与人格状态的不同直接相关。我们将成为什么样的人？是否胸怀天下，志存高远？是否能见微知著，睹始知终？我们看待世界的层次境界是什么？不可否认，我们做事常常功利，希望每一分付出都会有切实的回报，我们为了心中所谓的目标碌碌终日，为了未来的“大志向”辗转反侧，而当目标历尽艰辛终于实现或是最终破碎得如同被鱼尾划过的月光时，我们又陷入了迷茫，像是失去了生存的意义，茫茫然不知何去何从。

何为大，何为小？什么是值得我们奋斗终生的东西？别说“为全人类的解放而奋斗”，这话听起来太过空泛。回归黄土，回到仍旧贫穷的千丘万壑，真正值得奋斗的或许就是那里世代务农的老人在拉起家常时，会笑得咧开嘴说上一句“那真是个好后生！”

因为特殊的时代环境，少年知青习近平并不像别的北京知青一样有参军、读大学、做工这样的机会可以逃离贫困、逃离黄土高坡。但福祸相依，这使这个少年留在塬上耕地读书、做实事的动机更加纯粹，他说自己是“黄土地的孩子”，是一个“普通农民”。他不求一定在政治上有什么建树，他甚至在离开了乡村之后又回来，他说：“干得好，将来成就一番大事业，干得不好，就在下面给老百姓做些实事，也没什么。”

格物致知，诚心正意，而后修身齐家治国平天下。这个16岁的少年“格”的是茫无际涯的黄土高坡，是推磨剩下的麸子或玉米皮捏成的糠窝窝，是窑洞里点燃的冒着黑烟的煤油灯。“新中国成立这么多年了，怎么还有这样贫困的地方。”有北京知青这样感叹。但这样的场景更坚定了习近平“为群众做实事”的信念，使他立志于改变，立志于奉献。在那个讲究“出身”的年代，陕北虽是物质上的苦难之地，却是政治上的“世外桃源”。解放二十多年仍然称自己为“受苦人”的淳朴的陕北老百姓，对来到黄土深处“接受贫下中农再教育”的知识青年张开了臂膀，敞开了心扉。在他们眼里，评价一个知青，干活好坏远比出身更重要。而经济文化的极端落后，使任何一点简单的知识，都能派上用场，如知道氮磷钾的区别。知青向海粟这样回忆：“虽然在那里过着几乎原始的艰苦生活，可我们却感觉来到了一个新鲜的、前景上有更多可能性的天地。”

爱读书、亲切、踏实、能吃苦、有能力，这几乎是所有人对这个少年的一致评价。“博学之，审问之，慎思之，明辨之，笃行之”是古人对学习的要求，也是习近平对自己的要求。他利用田间地头的间隙时间博览群书，内容涉及政治、历史、文学、哲学、军事等方方面面。“博观而约取，厚积而薄发。”当时的“无用书”完善了他的人格，使他了解古今中外之发展变化；丰富了他的精神，对其未来的影响不可估量。读书是与象牙塔顶尖的人对话，而书中理论的实践面对的却还是普通的群众。“待入尘寰，与众悲欢，始信丛中另有天。”于是，习近平在梁家河村不到两年的时间内，办沼气、办铁业社、办磨坊、办代销店、种烤烟、打井、搞河桥治理、打五大块坝地……其中艰辛难以言说，但是陕北延川县文安驿梁家河村百姓的生活是确确实实地改善了。“近平敢说敢做敢担当。”“群众需要什么，近平就干什么。”“近平与我们同吃同住同劳动。”再多华丽的赞美都难以使人信服，但村民最朴实的话语，让我们看到知青习近平办实事不说虚话。同时，知青习近平也受到村民的爱戴和拥护，“近平开会时我们不瞌睡。”村民赵勋功这样说。“近平现在让我当队长，我还当。”村民武刚文谈起他们梁家河村曾经的知青还是会心情激动。

无可非议，习近平七年的知青生活成果斐然、意义重大，不仅仅是对梁家河村的老百姓，对他自身也产生了巨大影响。“一个人的气质里有他读过的书和走过的路。”林清玄如是说。而一个共产党工作者，如果不真切地了解基层群众的疾苦和贫困地区群众生活的艰难，就无法真正站稳群众立场。“天将降大任于斯人也，必先苦其心志，劳其筋骨，饿其体肤，空乏其身，行拂乱其所为，所以动心忍性，增益其所不能。”当岁月匆匆流过几十载，再回头看时，我们才看到，陕北梁家河村的七年知青岁月，正是习近平总书记磨炼心性的人生第一站，在那里他开始读懂人生，读懂中国，读懂中国共产党的起点。不忘初心，方得始终。党的领袖人物为党和人民事业奋斗的经历，他们与普通老百姓携手共度的艰难岁月，是无比珍贵的精神财富，它不仅指导着他们之后的人生，也将继续激励更多的青年人站在改革开放的最前沿，投身到新时代发展的滚滚洪流之中。

我们，能让中国变得更好

——读《我和我的祖国：时光笔记》有感

文/陈梦媛

何谓中国?

她是五千年精神文明薪火不灭之传承，是一百年救亡图存血荐轩辕之担当；是二十八年筚路蓝缕始建国家之辉煌，是七十年砥砺前行日进日新之荣光。

叹惜中华当年，饿殍遍野、满目疮痍，又见祖国昌盛，巍然屹立、如画山河。“七十载惊涛拍岸，九万里风鹏正举”，中国人民万众一心、披荆斩棘、砥砺奋进，终于换来今日之辉煌。

辉者，光也；煌者，火也。明从晦生，灿烂耀眼。曾经那段任人宰割的岁月，成为没落腐朽的代名词的年代早已远去。节物风光不相待，桑田碧海须臾改。七十年来，中国的改变由世界共同见证，虽“有风有雨是常态”，可“风雨无阻是心态，风雨兼程是状态”，无论怎样的风雨，都无法阻挡中国人民奋斗的步伐。正如习近平总书记所说："近代以后久经磨难的中华民族，在百折不挠的奋斗中迎来了从站起来、富起来到强起来的伟大飞跃。中国的伟大发展成就是中国人民用自己的双手创造的，是一代又一代中国人接力奋斗创造的。"为了实现远大理想，中国人民前仆后继地奋斗着、奉献着、牺牲着。栉风沐雨，春华秋实。今天，中国人民拥有的一切，都凝聚着中国人的聪明才智，浸透着中国人的辛勤汗水，蕴含着中国人的巨大牺牲。

所以，我们永远无法忘记，我们所拥有的第一辆汽车、第一颗卫星、第一颗原子弹。仰望天空，C919 国产大飞机傲然飞翔；俯瞰深海，蛟龙号无惧挑战，深潜探索；遥远的月球，有"嫦娥""玉兔"的守护；窗外的田野，有"复兴号"驰骋中华大地……

何谓中国青年？

我们的祖国，从一穷二白到世界第二大经济体，从一片空白到突破再到引领，从积贫积弱的落后面貌，到"一要吃饭，二要建设"的改革开放年代，再到如今勇立潮头，担当起大国责任，走向世界舞台中央，我们实现了从"赶上时代"到"引领时代"的伟大跨越，用几十年时间走过了西方国家上百年的道路，让不可能成为可能。

可中国，近 14 亿人口的发展中大国，在发展的过程中同样面临着难以想象的矛盾和问题。社会不公、贫富分化……总会有人有意将一些污点无限放大，将一切成就全部忽视，于是他们嘲讽、偏激、指责，他们说："没办法了，太黑暗了，烂透了，无法改变了。"

而我想说："真的不合理，真的有差距，真的有不足。"

但这是我的祖国啊，是我生于斯长于斯，将来也要埋于此的祖国啊！我爱我的祖国，从未有一个事物，让我如此深爱。我爱她的江河湖海，爱她的千峰百嶂，爱她每一刻带给我的小小感动，爱她多姿多彩的民俗风情。生于斯，长于斯，我无时无刻不热爱这片土地，爱她的繁华，也爱她的苍凉。

有网友说过这样一段话，令我感触颇深：如果你觉得你的祖国不好，你就去建设她；如果你觉得同胞愚昧无知，就从你开始学习并改变身边的人，而不是一味的谩骂，抱怨，逃离。横眉冷对千夫指，俯首甘为孺子牛。“你所站立的地方，正是你的中国；你怎么样，中国便怎么样；你是什么，中国便是什么；你若光明，中国便不黑暗。”愿中国青年都摆脱冷气，只是向上走，不必听自暴自弃者的话。能做事的做事，能发声的发声。有一分热，发一分光，就像萤火虫一般，也可以在黑暗里发一点光，不必等候火炬。此后如果没有火炬，我们便是唯一的光。倘若有了火炬，出了太阳，我们自然心悦诚服地消失。我愿中国青年都只是向上走，不必理会这冷笑和暗箭。

是啊，纵有再多人说她的不好，仍有更多人在埋头苦干，以求改变现状。曾有一位留美回国的科学家说过这样一句话，“中国的不好，大家都知道，我没剩下多少时间了，我希望能用不多的时间，让中国的好，有我的一份功劳。”

身为当代青年，我们要做的不是一味地谩骂、逃离、怨天尤人，而是尽自己所能让祖国变得更好。或许一年两年不行，五年十年不行，那二十年三十年呢？新中国第一辈人用了三十年的时间让中国站起来，上一辈人用了四十年的时间让中国富起来，我们为何不能从自己做起，为国家、为民族，做出力所能及的贡献呢？

鲁迅在《文化偏至论》中写道：“人既发扬踔厉矣，则邦国亦以兴起”，作为现代中国的第一代人，作为青年一代，我们肩负的重任是民族振兴，国家富强，让中国变得更好！

我们要相信，几百代腥风血雨，几千年漫漫征程，我们曾走过绿茵花溪，也踏过枯骨万里。即使有些凉薄甘苦，我们的祖国也依旧能披荆斩棘，行歌万里。七十年远行，我们不曾忘记来时的路；七十年逐梦，我们从未改变滚烫的心，江河依然滚滚向东，民族的意志依然永远向前，向着热腾腾的太阳，所向披靡。

“唯我辈青年既以担当中国改革发展为己任，虽石烂海枯，而此身尚存，此心不死。既不可以失败而灰心，亦不能以困难而缩步。精神贯注，奋力向前，应乎世界进步之潮流，合乎善长恶消之天理，则终有最后成功之一日！”

愿以寸心寄中华， 且将岁月赠山河

——读《红色家书》 有感

文/李梦菲

有那么一群人， 在不远的从前， 坚守着理想与信念； 有那么一群人， 在艰难的岁月用饱含深情的笔触， 书写动情的文字。 家书作为中华民族文明的重要组成部分， 饱含了文明与信仰， 情感与理想， 有着深厚的历史底蕴。《红色家书》 收录了自中国共产党创建时期到中华人民共和国成立的新民主主义革命时期的百余封革命人士写给亲人、 爱人的书信。这些家书或豪气蓬勃， 或柔情脉脉， 但无一不在诉说着对革命的热情和必胜的决心， 一封封家书在战火中表达思念， 带来祝福与殷切的希望。

摸着红色的封面， 看着上面印着的黑色大字“红色家书”， 我缓缓打开了第一页。“自古英雄多患难， 岂徒我今然！” 这句誓言映入眼帘，看到这样铿锵的话语， 我受到它的感染， 胸中一股热血在翻涌， 跟随它走入了那个战火纷飞、 生死离别的年代。

小小的家书， 传递着人间真情，“烽火连三月， 家书抵万金。” 革命者们远离亲人与故土， 将思念付诸笔端， 一笔一画写下思念， 一封封家书在战火中承载着爱的力量， 被送向远方。 在没看到此书之前， 我所见的近代史仅是书本中的时间、 事件、 意义， 而此书却用朴实的话语、热切的呼告，以及悠长的哀伤展现了刀光剑影、硝烟弥漫的战场。我看到了肮脏的监狱，冰冷的镣铐，带血的长刀，黑洞洞的枪口，以及侵略者凶残的暴行和杀戮；我看到了哭泣的孩子，受辱的妇女，残破的房屋，白茫茫的大地，以及反动者扣动的扳机和子弹；但我更看到了破空的箭矢，飘扬的红旗，激昂的誓言，红彤彤的太阳，以及革命者眼中的信仰与期望。

一封封家书，一段段岁月，战士们用家书这种最贴近内心的方式，诠释一颗颗赤子之心。吉鸿昌将军就义前对爱妻红霞说："夫今死矣！是为时代而牺牲。"每字每词都令人感到悲恸，吉鸿昌将自己的内心世界展现在我的眼前，深情表达着对妻子的爱和对孩子的谆谆叮咛，以及坚定不移的赴死决心。刘伯坚烈士对兄嫂说："生是为中国，死是为中国！"八年间他隐姓埋名，俯首工作，为中国的胜利而奋斗，不曾留一文私产，慷慨赴死。韩子重烈士对父亲说："我过不惯这样不生不死的生活！"并请求父亲将自己献给祖国，去新西北建设，面对前线的流血、剥削者的享乐，斗争是唯一的途径。英雄先辈们寄理想于家书，有对妻子家人的愧疚，有对人民大众的同情，有对自身理想信念的坚定，更有对未来美好生活的追求。峥嵘岁月，汇于笔尖，彰显人间大爱。

恶劣的环境、压抑的氛围，先辈们浴血奋战，枪林弹雨间，以温暖的文字、铿锵的话语，以小我的心绪，唤出千言万语。中国革命者，来自家家户户，来自五湖四海，他们代表了工人、农民、学生、老师，代表着千千万万中华人民。中国共产党诞生在每个平凡家庭中，贴近人民大众利益，以平凡铸就伟大，以伟大体味平凡。

先人已逝，今人安在。先烈们铁血铮铮、奋力抵抗，吾辈更当自强。在价值观念多元多样多变，思想文化交锋交流交汇，意识形态斗争激烈激荡激变的今天，《红色家书》点燃了我心中的火光，让思想政治教育的种子播撒到我的心中。我虽不曾上过腥风血雨、风雨如磐的战场，却在家书中感受到了英雄们“饮弹从容向天啸”的浩然正气；我虽不曾经历轰轰烈烈、子弹横飞的革命，却在家书中感受到了“善处自己即是爱我”的平凡情感。重温红色岁月，爱国主义的火炬高举在我们每个人心中，我们青年一代要肩负起中华民族伟大复兴的历史责任。

“青山无言抱丰碑，初心不忘踏新程”，在祖国七十华诞之际，《红色家书》寄予的精神愈发历久弥新、不可磨灭。身为新时代的青年，我们应接过建设祖国的接力棒，走好漫漫长征路。面对出现的社会新问题，我们要勇于担当，适应时代的发展要求，树立民族自信心和自豪感，牢记使命、不忘初心，将一腔热血奉献给这片土地，让祖国的明天变得更加美好。

总有一种力量，让我们泪流满面，总有一种精神，让我们执着坚守。我曾在网上看到一些抱怨者，大肆宣扬国家体制问题和负面新闻。是！我们承认我们国家是一个新崛起的大国，面对飞速的发展，无可避免地会出现一些或大或小的不足。但这时，我们该做的不应是责备，而要像曾经的先辈们那样去建设。如果你觉得法律不完善，那就努力成为制法者；如果你觉得国民素质不高，那就努力成为教育者；如果你觉得国家落后，那就努力成为建设者。我坚持我认为对的事，我坚持我的理想与担当，我坚持我的责任与使命，我始终认为只要我一个人如此，就会感染两个人，乃至感染整个社会，一代不行，就两代，两代不行，我们还有千千万万代。即便天寒地冻、路遥马亡，理想之光不灭，信仰之光永存。

先辈们曾说：“不能在死尸身上漫谈王道，不在火燃眉睫的时候佯装镇静。”吾辈以青春之名起誓，必将沿着先辈舍家为国、奋斗拼搏的足迹，矢志不移地建设好我们的祖国，成为中华梦的追梦人，昂扬于时代肩头，成为时代的弄潮儿。红色基因在我们血液中蔓延，红色记忆在我们脑海中回荡，通过一代代人的努力建设我们才有了今日祖国的繁荣昌盛，这盛世图景、千里江山将更加美好。

少年自有少年狂，身似山河挺脊梁，敢将日月再丈量。少年的肩头不光要挑起清风明月和草长莺飞，也要挑起国恨家仇，浩然正气。我宁山间碎骨、沉河不浮，不愿守棺而驻、灵魂碌碌。贾平凹先生曾言：“我有使命不敢怠。”愿你我以此为志，塑山河，挺脊梁，强国富民，共兴国邦。正如余光中先生所言：“我的国家，依然是五岳向上。一切江河依然是滚滚向东，民族的意志永远向前。”

伟大的执着

——读《焦裕禄》有感

文/吕　程

近年来，解构历史、戏说英雄者常有。而焦裕禄，这个光辉的形象，亦被蒙上些许阴霾。有人说他“傻”，有人说他“拙”，然以我之见，正因其近乎偏执的坚持，才造就了这位共产党员伟大的形象。他在兰考工作了一年零三个月，即因肝癌病逝于岗位上。然而，这一年零三个月却成为穿越时空的永恒。他的身躯，正如他栽下的泡桐树，扎根于人民群众，屹立于中国人民的心中。

正如诸葛亮“鞠躬尽瘁，死而后已”，因蜀国大业积劳成疾；正如张自忠“我死则国生，我生则国死”，在与日军的战斗中壮烈牺牲，出生于齐鲁大地的焦裕禄，亦有“先天下之忧而忧，后天下之乐而乐”的梦想。这位入学即崭露头角写出《阚家泉的风景》的少年才子，这位因家境贫寒而被迫辍学的健壮樵郎，这位因日本侵华而饱受迫害的狱囚、煤矿工，因中华人民共和国的建立，终获安宁的生活。“历经磨难而成熟了的焦裕禄，正如一棵历尽炎夏寒冬、风霜雨雪的青松，既英武，又芳香。”“解放区的天是明朗的天，解放区的人民好喜欢……”老一辈人们对于中国共产党的热爱与忠诚，自是那时的理所应当。“愿得此身长报国，何需生入玉门关”绝非一句空话，而是那时经历苦难，理解和平与强大真正含义的人们的毕生信仰。

1962年冬，焦裕禄调赴兰考，进入他人生的高潮。在调任前，他的肝病已十分严重。然而，为了改造兰考的沙荒水碱之地，为了兰考三十六万衣食不济的群众，他便强忍肝痛。那春秋一年的栉风沐雨，那寒暑一岁的披荆斩棘，便是他生命中最后的壮烈定格。他不是英雄，但他把英雄一般的满腔热血，洒在了兰考的大地上。他把有限人生中那弥足宝贵的时间，全部用在了为兰考三十六万人民呕心沥血的日夜里。疼痛之时，他便硬顶肝部。有人劝他住院，他便说:“住院，听到的见到的都是病。跑进了病圈子，轻病也能重三分。工作的乐趣可以驱散疾病的痛苦，这对战胜疾病反而有利。”现如今，不少人对他有病不看的偏执举动提出了反思:“‘身体是革命的本钱。’一个党员干部，只有活着，才能干更多的事。如果焦裕禄积极治疗，他所做的贡献难道会比他死了的还少吗?”但在我看来，焦裕禄强忍病痛不是科学的态度，而是革命的决心。在灾区的奋斗中，他自身也是受灾的一个部分，他不可能有无病无灾的安逸，不可能有昼夜如常的作息。但是，一个为人民利益而将死置之度外的人，为了灾难中的人的幸福，自会有一种死得其所的信念。他曾在一篇文章中写道：“拼上老命大干一场，决心改变兰考面貌。”他真的是拼上了老命啊!

1964年3月23日，焦裕禄因病情加重，离开了他日夕眷念的兰考大地，住进了医院，被确诊为肝癌晚期。病床上的焦裕禄已是面色蜡黄，颧骨高耸，眼窝深陷，痛苦万状。起初，他积极治疗，希冀自己的病情早日好转，回到他挂牵的兰考。但当他发现自己的病情日益严重时，便拒绝打止痛针。他严肃认真而又温和地对医生说:“不要给我使用那么贵重的药了，应该把他们留给比我更需要的、更有希望的同志。”当癌痛又一次袭来，他满头大汗，身体痉挛，冷汗将衣衫浸透，痛苦万分。为了止痛，他发明了一种“疼痛转移疗法”，每当疼痛来袭，他便用烟斗灼烧自己的皮肤，让皮肤的疼痛抵消肝癌的剧痛。或许在如今的人们眼中，这又是一个偏执的“傻”做法。然而，在那个物资匮乏的年代，止痛针尚属于稀罕物。无数的癌症病人因剧烈的癌痛整日哀号不已，甚至因疼痛难耐而跳楼自杀。焦裕禄此举，不能不说是对人民的关怀，是一种伟大的偏执。这样的事例，后来亦有之。曾经担任过国务院副总理的陈永贵在重病期间，每日将医生开的药吃一半留一半，存了小半个抽屉，并叮嘱儿子奉还国家。这些人和这些事，让人不由得想起杜工部流传千古的词句：“何时眼前突兀见此屋，吾庐独破受冻死亦足！”如今的焦裕禄或许已在九泉之下开怀大笑，浮一大白：“如今国家已‘风雨不动安如山’，既然心愿已了，我的偏执，任由后人说去！”

焦裕禄逝于1964年5月14日的凌晨。这一天，下了很大的雨，天地之间一片浑浊，整个河南大地在雷声中震颤不止。当他去世的消息传回兰考，兰考大地一片悲戚。两年后，遵循他的遗愿，他的灵柩从郑州烈士陵园运回兰考大地。这一天，郑州破天荒地使用了专列，几十万兰考人民自发参加追悼会迎接他灵魂的归来。我在焦裕禄葬礼的视频中看着兰考人民一张张哀伤的面容，想道：或许这样的人生才是有意义的人生。他真的是个无产主义者，生前为了救济灾民，几近一无所有，死后却给兰考人民乃至全国人民带来了宝贵的精神财富。

时任中共福州市委书记的习近平，曾于1990年7月15日作词《念奴娇·追思焦裕禄》，原文如下：

魂飞万里，盼归来，此水此山此地。百姓谁不爱好官？把泪焦桐成雨。生也沙丘，死也沙丘，父老生死系。暮雪朝霜，毋改英雄意气！

依然月明如昔，思君夜夜，肝胆长如洗。路漫漫其修远矣，两袖清风来去。为官一任，造福一方，遂了平生意。绿我涓滴，会它千顷澄碧。

55 年的时空穿越，短暂的生命铸就精神的永恒。

让我们再一次呼唤，为了那伟大的偏执“依然月明如昔”！

如今，这里不再有风沙呼啸，他曾种下的小树，也已绿荫如盖。但从未远离的是他的精神，如兰考大地间浊流宛转的黄河，承载着历史，并将滚滚流向未来……

盛世长歌

文/曾诗雨

楔子：此刻，我正坐在从成都通往北京的火车上，望着窗外飞速向后掠去的山山水水，我愈加期盼着早点抵达那座四年前曾给予我莫大安全感的城市——北京，祖国的首都。

第一章

我是徐岁安，我母亲叫晏清，一名中国援也战地医生。对！就是那个常年战争不断的也门。

自从2010年“阿拉伯之春”爆发，伴随着这场政治经济革命而来的是大量传染病，我的母亲和她的同事们被公派往中东进行国际医疗救援。由于也门国内长年不断的宗教冲突和军事战争，加之糟糕的医疗卫生情况，本着人道主义的原则，我的母亲以一名中国援助也门医疗卫生人员的身份留在了这个遍布鲜血和杀戮的国家。

2015年，农历乙未羊年。那年我16岁。本来按照计划我将于3月在阿曼机场等待准备休年假的母亲，我们母女二人将一同搭乘客机去往欧洲，开启我的游学旅程。但我一想到即将见到一年未见的母亲，就迫不及待地瞒着家里人改签了机票，拿着中国公民的护照独自从阿曼直飞也门亚丁。

彼时我太过任性，当3月26日深夜，我被一枚误射入母亲宿舍窗户的流弹震醒时，我才后知后觉恐怖的滋味……流弹打在临街的窗玻璃上，借着远处接天的火光，我看到被震碎成一大片蛛网的玻璃，一声惊呼还未出口，母亲便匆匆跑来拉着我下楼，开车疾驰前往几千米外的中国驻亚丁总领事馆。本来留在也门的医生就不多，正巧不久前一组三人医疗队出发去了一座北方城市救治病人，因此此时的医疗队宿舍楼只有我们母女二人。母亲的动作干脆利落，没有给我一点点哭泣害怕的时间，但我注意到母亲握着方向盘一直轻轻颤抖的双手，骨节泛白青筋暴起。开车前进的途中，我们看见带着孩子背着包袱逃亡的女人、无家可归衣衫褴褛的老人、被流火点燃的木质房屋、离我们很近很近的上空轰鸣的飞机……我们不敢停留，只能近乎本能地以最快的速度赶往总领事馆，潜意识里觉得那里才是此刻能给予我们这些流落在外的中国公民最大保护的避难所……作为战地医生，常年待在海外的母亲比我更清楚地知道就在刚才或者说直到现在这座城市正发生着什么，但母亲强自镇定下发白的脸庞却隐隐透露出此次暴动的不同寻常。也门是个枪炮声统治下的国家，南北分裂，我们所处的南也门虽然平时也会有军事摩擦，但在南部最大城市——亚丁很少出现这种深夜大规模空袭甚至流弹伤民的情况，换句话说，今夜的情况实属反常。

一路狂奔下我们到达总领事馆，这座平日里看起来普普通通的小楼房在此刻已然不仅仅是一座建筑物，更是祖国在海外力量的象征。进入总领事馆，我看到一脸忧色的总领事，而在圆形会议桌旁是几日前我见过的中资援建也门的企业工作者。今夜突如其来的炮火像一股磁力，将我们这些在也门的中华游子聚集在一起，只为了能够重回祖国的大地上。

由于也门局势特殊，中国驻亚丁总领事馆的人员编制一再缩减，因此留守在总领事馆内的工作人员并不多，他们与因公派遣的企业员工围坐在一起商讨着接下来的计划。总领事说，在听到第一声炮响时，就有靠近战争前线的中国公民第一时间致电总领事馆，而总领事馆也已经联系中国驻也门共和国大使馆。现在我们得到的回复是海湾国家联军正在攻打也门，外交部正紧急研究撤侨方案，以确保所有中国公民安全撤离。闻此，我从听见枪响起就一直悬着的心稍稍放下了一些，身在异国，不论何时，祖国就是我们最大的安全感来源。

第二章

在不安中度过一个火光连天的夜晚后，第二日清晨，母亲趁两队武装军队交火窗口期，回昨晚“逃离”的宿舍楼取一些生活必需品。母亲回总领事馆后，我看见母亲的包里露出一角红色旗帜，当我看见那一抹鲜艳的红的一瞬间，我就明白了为何母亲冒着生命危险也要回去，因为在遍地枪声的也门，只有这面五星红旗才能给我们这些遗落海外的侨民最大的底气。

由于也门常年内乱不断，总领事馆总会在停火期备有大量生活物资以备不时之需。在昨夜紧急商讨后，总领事要求中国驻亚丁的全体工作人员撤回到亚丁总领事馆，等待大使馆和外交部的救援。在 27 日黎明将要来临时，在夜色掩盖下，一家中资路桥公司驻也门负责人带领修桥工人开着一辆大卡车回到领事馆，由于行动匆忙且枪战激烈，中资公司只将 20 余人安全运送到总领事馆，换句话说，这幢小楼将接纳越来越多的同胞，但同时，物资也在一点点变少。

“接外交部电话，昨晚国家紧急派遣在亚丁湾巡航的军舰赶赴亚丁海域，撤侨方案已经拟定，暂定30日登舰撤离，现当务之急是汇合所有我国在亚丁附近的侨民。”总领事如是说。当我听到国家第一时间准备撤侨方案时，我切身感受到了党和国家对我们这些祖国公民的生命安全的重视，我们的生命有万里之外国家雄厚的力量保障，在场的人都不经意间红了眼眶。“现在安全撤离到领事馆的中资企业务工人员都是离总领事馆较近的，还有其他离得太远来不及到总领事馆求助的企业，商务参赞处已经通知他们迅速到总领事馆躲避，但现在……电话通信断了，我们无法和他们取得直接联系，只能寄希望于这一路他们能平安到达。”闻言，所有人的心再次被吊起，楼顶上的五星红旗正在烽烟中飘扬，我们这些已经赶赴到总领事馆的人至少此时此刻是安全的，而靠近战场的同胞呢？他们又是否能穿越重重困难，和我们一同登上回家的军舰呢？我不敢细想，只能握紧身旁母亲的手。

今日已经是3月27日，距离第一批侨胞登舰还有3天。总领事馆的物资有限，但大家都在焦急不安中等待这片焦土上另一批同胞的到来……

总领事馆在国外就是一个国家主权的象征，我国与也门政府外交关系一直良好，即使在战时状态下，任何武装力量也都不会轻易进攻总领事馆，这也是大家第一时间赶往总领事馆的原因。

28日凌晨，几辆大型卡车开进总领事馆。这是距总领事馆较远的中资企业员工到了。但意料之外的是打头的皮卡车司机是也门当地人，“我是也门人，我的国家常年战乱，满目疮痍，我和我的同胞都很感谢你们中国人，是你们不远万里来到也门援助我们，帮助我们修建房屋桥梁，还为我们带来健康，这些风波不应让你们卷入。我羡慕你们拥有一个强大并可以给子民最大保护的国家，我也希望我的国家能够好起来。我的力量有限，也只能把你们送到这里，短时间内总领事馆应该是安全的。再见，永别。”司机操着一口并不流利的英语，脸上真诚流露的神情令人动容，脸上流露的是悲伤是羡慕也是绝望……

话毕，也门司机转身走出总领事馆大门，步入身后那一片望不到尽头的枪林弹雨中……刚刚从卡车上下来的一位受伤的年轻小伙说："是他帮我们绕道避开很多交火点，看着他就这样回去，真是于心不忍。"是的，我们都知道，身为也门人，他没有立场和我们一同撤离这个他从小生长的国家，这是他的根脉。尽管知道他孤身返回外面的人间地狱可能会遭遇什么，我们却无法开口阻止，毕竟这是他的祖国，他有自己不得不完成的使命！身为中国人，我也只能在心里默默祝福他的国家能够早日渡过难关。

第三章

现在总领事馆已经有一百五十多人了，但总领事馆的生活物资有限，并且还有部分同胞未取得联系，母亲援也医疗队的同事也还在也门北部城市尚未返回，因此总领事馆不得不分批运送侨民，原本第一批侨民于30日撤退的计划也要提前到29日。经总领事和外交部沟通，29日我国军舰临沂舰将率先护送老弱妇孺和伤病员到隔海相望的南部邻国吉布提。

惶惶紧张的氛围笼罩了整座领事馆，不论白天黑夜，空气凝滞如同死神的双手紧紧扼住每个人的咽喉。虽然我们都清晰地知道背后的祖国一定会不惜一切代价带我们回家，但这种在希望和绝望中相互拉扯的感觉还是让我时刻提心吊胆。

"砰砰砰砰砰砰"一阵密集的枪声传来，仔细一听却不像是子弹打中物体的声音，声音也不像是附近发出的，毕竟这座城市人人自危，街道早已没有普通百姓，除却枪声就只剩炮声。

"是几条街外的当地武装分子在开枪庆祝，应该是攻下了几个街区。"一名中资水泥厂的负责人说。中国总领事馆所在的地点离激烈交火的地方还有一段距离， 现在我们只期盼两方军队势均力敌， 加长战线拉锯的时间。

简单吃了点压缩饼干和面包后， 所有人都在惴惴不安中等候祖国的军舰。

……

29 日凌晨， 所有人聚集在总领事馆大厅， 总领事难掩兴奋地宣布：“按照我们原定的计划， 今天上午第一批撤离的人员将乘车赶到离亚丁最近的亚丁港， 我国军舰将会在那里接大家去吉布提。”

之前商定领事馆内老弱妇孺第一批撤离时， 本来我和母亲都应该在第一批登舰， 但母亲却坚持留下来照顾后续伤员。

后来的很多年里， 我都依然记得母亲在生死关头眼神无比坚定地对我说：“岁安， 听妈妈的话， 你先走， 只有你平安登舰， 我才能心无旁骛地留在这里继续工作， 我的职责是救死扶伤， 不论是之前奉命来也门救助这里的无辜人民还是后续救助我们的同胞， 这都是我不得不履行的职责。”

可一个 16 岁的小女孩情急之下怎么可能听得懂这番大义凛然的话，尤其这番话意味着在战火纷飞的也门， 我和母亲即将分离， 不是死别而是生离。

在所有人夜以继日的期盼中， 按原计划， 一共 120 名登舰人员将乘坐中资企业的车辆驶往几百千米外的亚丁港口。

29 日， 在所有人目送下， 我和 119 名国人一同乘卡车前往港口准备登舰离开这个满目疮痍的国家。 临别时， 我看见母亲眼里闪烁的泪光，看到总领事馆楼顶的五星红旗沐浴在即将破云而出的晨曦中， 这预示着这场浩劫中依旧有生生不息的希望。

第四章

因为大使馆和也门政府直接沟通过我方侨民撤退计划，因此从亚丁撤往亚丁港的途中凡是官方关卡都直接为中国公民放行，此外加上战争洗礼下很多关卡已经形同虚设无人驻守，几百千米的长途奔驰倒也还算顺利。经过一路的颠簸前行，我们终于到了离亚丁港最近的城镇瑞丹才镇。在通往港口的途中设有关卡，平日里此处应该是重兵把守，无论何时，港口特别是军用港口都是政府牢牢掌握的，要不是如今也门战乱政府混乱几近停摆，这些港口也不会轻易容我们通过。想到这里，我紧绷的心跳得更快了。

正当我们的车辆要加速通过关卡时，一声炮响几乎要震碎我的耳膜，紧接着，又是一阵扫雷似的枪声。尽管这几日我早已对枪炮声见怪不怪，但此刻的枪声十分密集，虽然距离较远，但凶猛的火力不容忽视。好几次子弹打中车身，发出金属摩擦的“呲呲”声，当时我都以为我的心即将跳出胸膛。

集中的火力越来越猛，车队也被子弹打中，车窗被打碎，好几辆车轮胎也已经爆掉，眼下这情况根本无法继续前进。这里距离亚丁港不到100千米，但要是真的在这里被袭击，中国军方也难以第一时间得知我们的处境。

我所乘坐的是打头第一辆车，副驾驶上是一位中资企业负责人，常年与也门人打交道的中年男子。负责人颤抖着降下车窗，扬起五星红旗，尝试与对方对话。但密集火药覆盖下，我们无法得知对方是也门政府军、胡塞武装组织，还是对也门进行军事打击的联军。

看见我们主动沟通，但未扬起投降的白旗，对方也暂停停火，五辆大型战地越野车向我们所在的关卡处迫近。

"我们是中国人，接到国家相关指令，现在要前往亚丁港口撤侨，请准予放行。"负责人用英语与对方交流，尽管负责人强自压下恐惧，但语气中的战栗仍不难分辨。

中方男子话音未落，对方车上下来一个穿着防弹服的男子，周身携带一股强大肃杀的气场。看见这样的人，我头脑里快速浮现出"人间阎罗"四字。男子走到离第一辆车三米远处，从我的角度刚好看见他右脸颊上一道一寸长的刀疤，裸露的脖颈处还有一个类似车轮的印记，几乎是一瞬间，我就确定眼前的人应该是当地某个部落武装的一个小头目。这里临近港口，并不是主战场，能出现在这里并携带五辆车的武装力量，只能说明对方有趁战争白热化时机迅速控制亚丁后防线的打算。而我们这一行浩荡的车队，无疑是在对方敏锐的神经上扎了一根针。

早有听闻，当地局势鱼龙混杂，不少部落均拥有独立的军事力量。这些非政府军残忍嗜血，常常通过自杀式开枪庆祝的方法来提振士兵兴奋度。平日里他们连自己人都毫不客气，而眼下正是需要提振打仗信心的时候，对身为异族的我们，他们还有可能会手软吗?

听完中方负责人的话，对方未立刻表明态度，但就在我们眼睛一眨不敢眨的静默里，小头目举起一把长杆枪正对着负责人的脑袋。我努力控制自己不惊叫出声，因为我的位置在车厢里侧，稍有不慎很可能会激怒对方。

不知是不是我的幻觉，迎着逆光，我似乎看到小头目即将扣动扳机。在这样千钧一发的时刻，很多人闭上了眼睛。

忽然，一辆军用本田越野车由远及近，随着轰轰轰的引擎声黄沙四起，肉眼可见，越野车行驶的速度很快。分明只有一辆车孤身而来，却生出一股舍我其谁的迫人气场，我睁大了眼睛，内心的感觉越来越强烈。

小头目仗着自己手中的重型武器，并未有羞恼的态势，反而是好整以暇地望着从港口方向驰沙而来的本田越野车。

大约十米远的位置，越野车停了下来，我看不太清，只能隐隐看到副驾驶上一身迷彩服的年轻男人右手举着喇叭，准备与武装分子对话。

很明显，深蓝色的迷彩服，是驻港的临沂舰官兵。

“我是中华人民共和国海军第19批护航舰队临沂舰中尉陈峰，奉我国军事委员会主席及国防部命令，前来护送我国公民安全撤退，望你方放行。”一番镇定自如的话滴水不漏，既恰到好处地亮明身份，又不卑不亢地表明态度。出乎意料地，对着中国负责人的枪口并未放下，小头目似笑非笑地回道：“你到我的地盘上，张口就问我要人，你说你是中国人，我凭什么相信你？我又怎么知道我面前的车队上没有任何会对我构成威胁的武器？”“你面前的都是手无寸铁的中国公民，他们大多是中国援建也门的工人。我方无意参与你国内乱，我们只有一辆车前来护送侨民，不会对你们构成任何武力上的威胁。亚丁港正驻扎着中国军人，你若执意不肯放行我国公民，引发的后果将难以设想！”中国中尉的话铿锵有力，既表明来意卸下对方敌意又加重砝码直言不放行的后果。

小头目的脸白了白，或许是久为上位者带来权柄在握的自信，纵使此刻面对着对方直言不讳的威胁，他的身份却不允许他答应对方的条件。换言之，他握着枪防御性十足的姿态透露出他并不想让我们顺利撤出他的势力范围。

见对方未有回应，本田越野车内有军人直接从天窗向空中连发三枪，霸道得让小头目一方慌了手脚。“我再次提醒你，这些侨民身后是拥有完整主权的中华人民共和国！”陈峰再次喊话。

若说第一轮交锋是明面上的话说得滴水不漏，那刚才陈峰的短短一句便是直接亮明底牌——侨民身后，是你得罪不起的中华人民共和国。短短数言，重若千钧！

People's Republic of China！这是自3月26日以来，我第一次听到完

整的中华人民共和国，不是 China，不是 CN，而是 People's Republic of China!

小头目眯起双眼，似乎是在仔细思考。眼见越野车里已经有狙击枪瞄准部落武装分子，这时一个同样穿着防弹背心的男人一把压下小头目的枪口，悄声对小头目说了些什么。小头目还是维持着刚才似笑非笑的表情，只是眼里多了一闪而过的阴狠。小头目未发一言便坐进副驾驶，他身后的人看见后也明白今天是非放行不可，遂上车等我们离开后重新占领这片区域。

第五章

风波过后，刚才还被人拿枪顶着脑袋的负责人此刻早已是大汗淋漓，脸色煞白。车上所有人皆是惊魂未定，我掌心紧攥的衣角也被汗浸湿，弄得皱皱巴巴。

若小头目底下的人不识时务执意不肯放人，那今日血染瑞丹才镇也不是不可能。但我国只派了一辆越野车来接人，就说明指挥者很笃定这一路一定不会遇到敢直接和中国开杠的武装力量。

“各位同胞，我是中国海军护卫舰临沂舰中尉陈峰，护送大家回家!”

没有慷慨激昂的演讲、没有信誓旦旦的承诺、没有解释为何原定在码头上等待我们却又派出一队官兵来到 100 多千米外的瑞丹才镇接我们，只需要简单的两个字:“回家!”就足够令我们安心，令我们为自己是中国人而感到庆幸!

我们都知道，除了那三发朝天的子弹，今日不费一枪一炮就能使我们虎口脱险并非侥幸，而是因为“中华人民共和国”七个字的分量。

环顾车厢，男男女女皆是泪流满面，有人是因为惊吓，更多的人是因为感动！

在陈峰一行官兵的护送下，我们中午就顺利到达亚丁港。远远地，我看到军舰拉起鲜红的横幅“祖国接大家回家！”即使是刚刚经历随时可能开火的剑拔弩张，我的心情也没有现在这般激荡澎湃。这短短的四天恍若涅槃，耳边日日充斥子弹枪炮声，几乎夜夜一闭上眼就能想象出子弹破膛而出时带起风声的肃杀凛冽。但当我看见临沂舰的那一刻，我所有的感官仿佛被放大若干倍，亚丁湾的海风又凉又烈，像沾了盐的刀锋刮在人脸上，却格外令我感到心安，暂时抚平了连日来的担忧恐惧。

……

紧急状况一切从简。我强自压下心中对母亲置身于枪林弹雨的担忧，和衣睡在军舰船舱内。

翻来覆去，难以安睡，迷迷糊糊中眼前浮现第一夜空袭时亚丁街道上无家可归的女人和儿童、打开领事馆大门看到一身是血的中国同胞、母亲冒着生命危险从医疗队取回的白纱布和酒精，还有一脸鲜血口中喃喃着我小名的母亲……一帧帧一幕幕以火光和鲜血为底色，像有声电影般在我眼前循环播放，无一例外地，密密麻麻的枪声充当背景乐。忽然画面一转，一柄冷冰冰的枪直指我脑门，我尖叫出声，梦境如一面西洋镜，陡然破碎。

被梦魇缠绕一整晚，我索性披上外套准备去甲板上吹风。但当我拉开房间门却被走廊上席地而卧的官兵们惊呆了。临沂舰是一艘护卫舰，船上的房间和床位本来就仅够200多位官兵休息，接上我们120位侨民后，临沂舰上供他们休息的床位更是寥寥无几。今天上船的大部分人都受到了惊吓，简单地用餐后都沉沉地进入梦乡，唯有我这个与母亲分离的孤女夜不能寐，不料走出房间意外地看见这一幕。

走廊上的官兵席地而睡，个个身着整齐的作战服，因为没有足够的位置容纳这些身材高大的铮铮汉子，他们就互相依偎着躺在走廊上。这些士兵中有的人年龄还很小，今天在瑞丹才镇朝天开枪的那个士兵看上去也比我大不了多少，却已经能够不远万里深入虎穴来迎接我们回家。

看着走廊里官兵们温和的睡颜，一股酸涩感再次漫上我的眼眶。眼前这些为了把床位腾让给我们而宁愿自己忍饥挨饿睡在走廊上的士兵，他们在26日深夜突然接到上峰指令放弃亚丁湾巡航，放弃一月一次靠岸补给物资的机会，怀着同样焦灼的心态赶赴亚丁港。我们这些身处战地的侨民一次次在枪炮声中震醒，他们又何尝不是在日复一日的焦急等待中期盼同胞安全抵达。当我们顺利登舰休息躺在床上进入梦乡时，他们何尝不是睡在走廊上以另一种方式守护我们的平安。亲眼见到这一幕，我才真正明白所谓的岁月静好不过是有人在替我们负重前行。“军人优先”也真的值得全社会认同与贯彻。

军人的睡眠通常很浅，为了不打扰到士兵的休息，我悄悄掩上房门，再次回床上躺下。这一次，我的梦里是一路扬沙而来的军用越野车，车上是荷枪实弹的中国军人，从越野车上走下来的是英姿勃发的年轻中尉……最后，梦中的镜头聚焦在领事馆顶楼随风飘扬的五星红旗上，五星红旗随风而舞，鲜艳明媚……

第六章

残夜安眠。

海上的日出依旧准时到来。

自29日登舰后，临沂舰马不停蹄地开往与也门隔海相望的吉布提。

怜我孤身一人与母亲分离，陈峰中尉告诉我母亲将在今天登临潍坊舰，第二批撤离的人员较多，包括从首都萨那赶来的侨民。若一切顺利，到不了31日，我就能在吉布提见到母亲。

在瑞丹才镇清晰感觉到死亡的那一刻，我内心一直在问自己：为什么母亲宁愿留在亚丁总领事馆等待后续遥遥无期的救援，也不愿意带我离开，责任二字对母亲而言难道就真的比我、比她眼前难得的求生机会还重要吗？在我的世界里，似乎从未有人告诉我需要用付出生命的勇气去践行我的责任。直到今天天刚蒙蒙亮的时候，看到甲板上站得笔直，严肃认真站岗的海军军人，我才明白，家国天下，这四字的分量是何其沉重！这是新中国成立数十年来薪火相传的民族气节，是根植于中国军人血液里永远无法撼动的铮铮铁义！

经过近十个小时的高速航渡，我们在30日凌晨到达吉布提港口。中国驻吉布提大使馆的工作人员前来接我们回大使馆暂时安置。临沂舰简单补充物资后，原路返回，去接下一批同胞。

在大使馆大厅，我看到正在直播的国内国防部新闻发言人就也门撤侨发表官方意见“鉴于也门安全形势严重恶化，为保护中国公民生命财产安全，根据中国政府统一部署，在亚丁湾、索马里海域执行护航任务的海军舰艇编队于29日赶赴也门，执行撤离中国在也人员任务”……发言人神情肃穆，字字句句铿锵有力，莫名地令我感到心安。

晚上六点，在接近赤道的低纬度地区，夕阳还未完全占领整片天空，蓝天白云倒映在粼粼波光中，良辰美景如斯，我却无心陶醉。

海天一线处，一艘船舰正在朝岸边航行。海风猎猎，只能看见一抹鲜艳的红随风而舞。一想到母亲在这艘船上，我根本无法控制心里愈演愈烈地不安和激动，身体几近贴在岸边围栏上，只为了能看清楚一点那艘军舰。

近了，近了，潍坊舰船头甲板上有人举着大幅五星红旗……船离得近了才看清楚，是几副外国面孔，高扬中国国旗，神色激动，双颊涨红，嘴里一直重复道：“God bless us. Thanks to China，China saved me！”

此情此景，不难知道是中国撤侨时也帮助了外国公民撤离也门。

潍坊舰到岸了，一阵阵人潮涌动中我看到母亲朝我挥手，还未等到母亲与我拥抱，我就已经任无边无际的泪水模糊了眼眶。这短短数日仿佛经历常人半辈子所经历的事，当着海军官兵的面我不敢落泪，害怕军人的柔情更令我泪崩。但此刻看见母亲，我真切地跌落在母亲带有消毒水气味的怀里，才敢放任眼泪决堤，真正像个孩子。

其实，今天上午我们到岸后就有飞机接送第一批撤离的侨民回国，我因为牵挂母亲就申请留下来。

第七章

31日早晨，所有侨民在停机坪前集合，拿着护照，准备登机回国。

临上飞机，所有中国人包括营救的数十名外国公民一同唱响了中华人民共和国国歌，在激昂的义勇军进行曲伴奏下，我留下了此生最为宝贵的照片：身后大使馆租用的飞机上挂着“祖国接大家回家”的横幅，数百人站在一起，手举着无数面五星红旗。无论是中国人还是外国人，无论是黄种人还是白种人、黑种人，在此刻，脸上洋溢的都是劫后余生真切的喜悦和感激！

……

再见了，遍地狼烟的也门。

何其有幸，生于中国，长于中国。

何其有幸，我的祖国愈加繁荣富强再无人敢肆意欺侮。

何其有幸，我的祖国能给我最大的安全感，即使是在千万里之遥的海外。

……

飞机向前滑行，我透过窗户望向漫无边际的大海，大海还是那么美，临沂舰仿佛正在海面上航行，军舰最高处鲜艳的五星红旗迎风招展……

文学篇

生而平凡，别样光彩

——读《平凡的世界》有感

文/蔡殊曼

千沟万壑是黄土的脊梁，东拉河畔的水透亮透亮的，冬日里定是又结冰了吧。远处金家山坳上的黄土地光秃秃的，陕北的冬日草也不生了，原先地主家打碎的瓷器稀稀拉拉地露在地上，那是少平和润叶儿时的珍宝。田万友老汉一曲信天游唱出了黄土高原的千回路转，每到丰收时节，石圪节公社便格外热闹。双水村的那些人儿，他们都是平凡而又不平凡的个体，他们热血沸腾、脚踏实地，在平凡的世界中活出了不平凡的人生。

路遥说，一个平凡而普通的人，时时都会感到被生活的波涛巨浪所淹没。你会被淹没吗？除非你甘心就此而沉沦！我很喜欢这句话，我喜欢路遥在书中塑造的每一个角色，他们各有千秋。少平在物质的匮乏中追求精神的充盈，他不愿意一辈子按父辈的生活模式就那样在黄土地上活着，也不想像晓霞想象的那样，牵着一个猪娃，背上拖着口袋，在石圪节的街道上讨价还价。于是他做出了大胆的决定，去原西县城当一个揽工汉。旁人的看法，自身的尊严，对精神的追求无一不让这个少年苦恼而又坚定，但是还好，金波懂他，晓霞懂他。

很喜欢书中的一个片段，少平套着做工的衣服走在即将入冬的黄原街头，内里新买的红色绒衣使他有些格格不入。一场《哈姆雷特》的电影让他与晓霞相遇，他们在细雨朦胧的黄原街头，晓霞有抑制不住的激动。这场罗曼蒂克式的伤悲，有很多美好的回忆，如少平做工的柴油厂中晓霞为他新换的格子床单，还有“不要见怪、不用见外”的诙谐幽默；如少平成为煤矿工人后晓霞在矿井等他的再次相遇。故事的最后是晓霞舍己救人时被一场洪水淹没，晓霞曾说：“我们原是自由飞翔的鸟，飞去吧！飞到那乌云背后明媚的山峦，飞到那里，到那蓝色的海角。只有风在欢舞，还有我做伴。”她就像那只自由的鸟，飞向了广阔的天空。

再说说少安吧，他在黄土地上长大，不似少平一般追求飞扬的生活，过早的家庭责任迫使他早早懂事。他沉稳精明，在时代的浪潮中抓住了发展的机会，承办砖厂让他的生活有了新的变化，其间的欢欣与失落转化成生活的动力。最后，他完成了给父母打窑洞的心愿，连院墙都是砖制的，比地主金光亮家原来的窑洞都要气派得多。那后来的兰香呢，她再也不是那个总哭着鼻子的兰香了，上了高中后，哥哥们让她安心读书使她改变了辍学的想法，二哥也写信鼓舞她做一个自立自强的人。还记得那个晚上偷偷在医院门口提泥包的兰香吗？她考上了北方工业大学的天体物理专业，好朋友金秀考上了省医学院，少平和金波听了这个消息都流出了激动的泪水。还有王满银，那个走南闯北的吊儿郎当的汉子，只有正月里才记得自己有一个家。他给猫蛋、狗蛋买了好多新奇物件，年过完又出去溜达了，而当他在那个小旅馆里看见自己两鬓的白发时才豁然省悟。最后的最后，他在少安的砖厂里安心帮厨，还学会了蒸馒头呢。

故事接近尾声，每个人都有自己平凡的生活，绽放别样的光彩，我被温馨的故事氛围感动了。田福堂的咳嗽病好些了吗？玉亭和凤英还是那么积极地关心政策形势吗？ 少平在煤矿事故后留下那道从额头蔓延到眼角的疤痕， 他戴上墨镜后， 必定活出了别样的人生吧！田福军呢？ 他胆大直言， 为国为民， 想必是一位不错的干部了。 还有好多好多的人，他们在那个平凡的世界里， 还好吗?

初识《平凡的世界》 是在我小学时， 我从父亲手中接过那三本富有历史感的沉甸甸的书籍， 这是我童年的记忆， 心中是欣喜好奇。 我为书中主人公的悲欢离合而悲喜交加， 但随着年龄的增长， 我对它又有了更多不同的看法。 当我悲伤失落时， 我会想起书中那些平凡世界里无畏奋斗的追梦者们， 他们有的默默无闻， 却把每一天都活得很充实， 我很羡慕书中的每一个平凡者。 这个世界如此之大， 每一天都应愉悦， 要无愧于内心， 无愧于自我。 每个人都是平等的， 每个人都有心之所向， 就像盖伊特立斯在《被仰望的与被遗忘的》 一书中描写的活跃在城市脚手架上的民工们， 他们所不能承受之轻是平地上波澜不惊的生活， 而路遥笔下的平凡者们， 终得万象竞争。

苔花如米小， 也学牡丹开。 人生就是永不休止的奋斗！ 人只有选定目标并在奋斗中感到自己的努力没有虚掷， 这样的生活才是充实的， 精神也会永远年轻。 愿每个平凡人在自己的世界中活出别样的光彩！

记一次温柔的重逢

——《浮生六记》 小札

文/苏俊清

一、 浮生掠影的总览

《浮生六记》 短小而不足一万字， 读来却毫无平淡无味、 言不尽意之感， 反而被它的丰满记叙、 柔美文字、 真挚感情所触动， 它不因短小而缺少内涵， 却因短小而精华集聚。

《闺房记乐》 为其开卷之笔， 正如沈复自己所言“因思《关雎》 冠三百篇之首， 被列夫妇于首卷， 余以次递及焉。” 沈复在首卷中详尽地描写了与妻子芸娘约十年的夫妻情谊， 着重记录了夫妇间的小事和携妻子出游的经历。 仅数十页篇幅， 原本写不尽的寻常百姓闺房乐竟已跃然于纸上。 而芸娘的特点在首卷也最为集中， 可以说芸娘的丰满形象支撑起了首卷的精华篇章。 沈复通过对芸娘新婚几年间的回忆所构筑的芸娘的形象， 承载了恩爱夫妻于清苦生活里的欢愉光阴， 寄托了文人的浪漫情调和清雅才思。 读来仿佛置身于夏晨， 饮清露， 但又不止于书雅墨香，更有柴米生活中的安然和睦，而这种安然，也慢慢蓄为读者心底的第一抹温柔——为寻常夫妻所隐隐动容。

这种不仅源自记叙，更源自本心的温柔，在第三卷《坎坷记愁》中也被体现。彼时，沈复与芸娘已被逐出家门，不再受父母的庇荫。他们远离故乡，漂泊的日子加重了原本就命运单薄的芸娘的血疾。病榻缠绵又家道中落，沈复在回忆里直呼自己的心碎，而芸娘却从不展现一个病者，甚至是一个垂死之人的痛苦呻吟，以及一个文人，甚至是一个寄食清客的无奈哀号。次次打入心灵的是这对夫妇在尘世里阴阳相隔前的告别，沈复感慨恩爱夫妻不到头的时候，前二卷埋下的多处伏笔于此时激发。前文的美丽光阴里偶尔浮现的阴影，如“寿夭之机已伏矣”全在此时重重掠上心头，仿佛暗影都可以造成压迫。薄命红颜虽未走到最后，可二十三载一往情深已不是人间常有了。

芸娘离去的过程虽凄凉却也是一种温柔：如玉兰轻落，携轻盈而去，干净离世。沈复后来为芸娘的头七招魂，当看到一灯如豆，萤火显青色之时，默默呼芸娘，就连这诡谲的迷信都已被化为绕指之柔。犹记得自己当时也在一盏小灯下默默心泣。

如果还有些许慰藉，也许就是芸娘希冀于来世，她会化为少年，再续前缘。

《坎坷记愁》篇失去了蜜的色彩，凄风犹在耳际，却构成了心底的第二抹温柔——为殇而不怨，不是每个清客都有这种情怀。

《闲情记趣》写于《闺房记乐》之后，还留有不少从暖阁里带出的余温，伴随着芸娘悉心调制的莲花茶叶氤氲出来的莲芯之芳和沈复修剪的花木盆栽所折射的文人清骨。

《浪游记快》作于《坎坷记愁》之后，芸娘尚未去世，沈复还在漫游广地，坐着扬帮的船，感受着歌妓们的呼唤，享受着“十年一觉扬州梦，赢得青楼薄幸名”的待遇。可这段回忆是沈复紧接在《坎坷记愁》

篇之后的，笔墨间已不可避免地有了些许苍凉的痕迹，也许彼时，沈复羁旅无涯，忆起浪游，即使是记快，也已染上心碎的印记。不甚鲜明，但已没有了首卷的浓密之感。

这就是全篇，读来有茉莉的清香，那是芸娘曾经常簪的花。

二、芸娘留影

芸娘给我最直观的印象，即标题所言——温柔。何以见得，昔年暖粥小菜、为弟吃斋，今日新婚早起，免堂上指责。作为传统式的妻子，她的一举一动都符合了那时的规矩，端而稳的芸娘，心里自然而然地遵从着这种古老的品格，透露着封建时期家庭的气息。

芸娘的温柔，不是软糯的弱女子式的细柔，而是对礼教的自然融合与丰厚才情的恰当流露。沈复不喜她的多礼，芸娘却极为合理又谦和地反驳，恭敬不是外表放诞无礼而仅仅内心敬畏，它要通过礼节体现。这番言论以前，我从未找到如此精准地对礼数散漫之人的反驳。芸娘有才华，她对诗文过目不忘，又常年记录“锦囊佳句”，还师法李诗、杜诗、白诗，她的文学修养早已超出同时代的一些文人。可芸娘又从不为人师，为素云讲授射覆，态度谦恭亲切；请素云放歌也仅仅是“可聆一妙音否”的些微请求（夫人对船女的恭敬）。芸娘不随处释放她的才情，这使得她的灵毓保持于心，不四处流散。芸娘同时又培养才情，与沈复论诗论赋，品评古时故人。芸娘不以书香门第自居，一旦作为妻子，立即让柴米生活散发出花木的清芬，把自己的才情融入生活，形成一种情调。让人觉得她既是淑女，又是才女。虽然淑女与才女并不对立，但这两者并不总是同时集中在一个人的身上。

芸娘的温柔还体现在言论的温柔。何以见得？论杜诗、李诗的时候，芸娘仅说李诗“如姑射仙子，有一种落花流水之趣”，言语中完全没有表露出她认为杜诗亚于李诗的想法，只是说：“非杜亚于李，不过妾之私心宗杜心浅，爱李心深。”

打个不恰当的比喻，芸娘就像一把“漏勺”，调和着周遭的人情雅事，把自己的温柔灌注在生活的各方面。我甚至觉得芸娘的存在，是为她自己的生命，为她早逝的红颜，为她除去丈夫和友人的怜爱几乎一无所有的境地，为她除了与丈夫抒怀几乎无处安放的才华，为她温柔敦厚却不受夫家赏识，甚至根本不被看见的悲凉，为她离去时只有丈夫和孤灯在旁的凄惶，为她看似闲适实则严酷的生活。

三、终了

《浮生六记》的阅读，不需一物，读罢便如香茗暖心、小友探访。其书其人，如同古玉，温润充和。

教育培养的迷失

——读《超新星纪元》有感

文/刘东寅

刘慈欣在原著中有这么一段设定:“超新星的高能射线完全破坏了人体细胞中的染色体,这种未知的射线穿透力极强,在室内甚至矿井中的人都不能幸免。但对一部分人来说,染色体受到的损伤是可以自行修复的:年龄为十三岁的人有百分之九十七可以修复,十二岁和十二岁以下的孩子可百分之百修复;其余的人的机体受到的损伤是不可逆转的,他们的生存时间,从现在算起,大约还有十个月至一年。”

简单来说,就是大人马上会全部死亡,一年后将是孩子主导的世界。因此人们要挑出一部分最优秀的孩子,对他们进行专业的训练。

一、如何选出最厉害的孩子

表面上这是一个简单的问题,但实际上这涉及一个标准的问题。究竟是现在最厉害,过去最厉害,还是将来最厉害?一般来说,选择现在最厉害的孩子最容易,但是过去和现在最厉害,不一定代表未来最厉害。面对一群孩子，处于末世的领导人，如何做出更好的抉择？让我们先看一段假设理论。

1. 大象与骑象人——知道很多道理依然过不好一生

简单来说，大象是潜意识。比如面对一种突发情况时，自己陌生的一面会突然浮现出来，有时候自己都可能会被吓到——这就是人们潜意识的那部分。而基于自己全部的认知来判断我们该做什么、不该做什么的理性叫作骑象人。之所以不称之为骑马人是因为骑象人很难控制大象。我们平时知道很多道理却依然无法自律，根本原因是我们的身体是不受控制的“大象”。如果想做出改变，我们只能一点一点改变我们潜意识中的那头大象，最后也不是理性改变了大象，而是大象变好了。因此习惯的养成是一个漫长的过程，仅仅学到了一些知识道理，并不会让人在成绩或生活中有所提升。

回到《超新星纪元》中，大人们要用一年的时间堆砌各种优质资源培养出这些孩子。让他们用一年的时间去完成普通人需要二十年才能完成的成长。

这让笔者想到现实中远超同龄人成就的扎克伯格。他作为伟大的企业家并不是伟大在公司市值上，而是扎克伯格在大学中作为一个不解风情的极客能做到每一两年就完成对自身的升级，成为自己之前完全想不到的样子。

也就是说，这种高倍速的成长迭代是有可能的，但是很多人也会因此产生一个妄念，即选取几个优秀的孩子悉心培养就行。其实根据大象理论，我们不能随便找些看起来很优秀的人，包括书中领导人对华华等人的选择，因为我们只知道孩子们“骑象人”的表现，但并不知道他们心中“大象”是谁，用一年的时间让他们成长是妄念。并不是每个现阶段优秀的孩子都可以像扎克伯格的家庭那样打下确保他们持续迭代升级的烙印，所以真正靠谱的是了解候选者十二岁之前干了什么，了解他们的潜意识，之后再在真正厉害的孩子已经接受的教育的基础上继续堆砌资源。

但是即使书中人类犯了错，也仍然有三个办法改变之后的恶果。

2. 三种武器

首先，是考试的武器。应试最大的好处就是能在短时间内集中选拔人才。比如说奥数考试和行为测试就能选拔出人群中智商和情商相对较高的人。

其次，是法律的武器。既然一年后将变成只有儿童的世界，那么不对法律适用年龄做出改变将直接导致未来世界的失序，这是改变孩子行为的关键。正如我们现实中的“熊孩子”背后一定有一个“熊大人”一样，他们把自己的孩子宠坏了，导致“熊孩子”觉得做任何事情都不用负责任。

最后，是最坏情况假设。正如美国的制度设计就是假设一个最坏的总统上台，但是制度仍然能防范。书中人类也可以把孩子想象成最不靠谱的，尽管现在孩子看起来很纯真、善良和靠谱。但我们要把孩子想象成最坏的生物，就像《蝇王》中孩子内心可怕的动物性一面。

二、什么样的教育更有效

人类开始大规模教育儿童，整个地球已然变成一所大学。在各个领域中，对技能的教学都相对成功，比如农业技术，甚至战斗机飞行技术孩子们也可以掌握，他们在这些方面似乎有一种天生的灵性。但是，在对需要知识背景铺垫的领域的教学相对失败，例如汽车修理工和抽象的前沿科学理论。

当然，最重要的还是要掌握高超的领导才能，正如书中所言：“高层次的领导才能则是一个更现实、 更迫切的问题： 最难学的东西是成熟，高层次领导者所需要的政治、 经济、 历史等各方面的知识、 对社会的深刻了解、 大规模管理的经验、 处理各种人际关系的技巧、 对形势的正确判断、 在巨大压力下做出重大决策时所需的稳定的心理素质等， 正是孩子们最缺乏的。 而这些经验和素质根本不可能在短期内教会他们， 事实上这些东西是教不会的， 只能从长期的经历中得到。” 但是人类还是有方法应对， 只是需要注意些什么呢?

1. 场景化学习是否有效

场景化学习即调动所有的感官， 比如书中培养战斗指挥官， 是直接带到部队演习场培养。 由孩子去决策， 他们会逼真地看到一切后果。 这个时候对儿童的刺激是极大的， 这种学习不同于课堂， 能极大提升儿童学习效率。 那么场景化学习是不是最好的选择?

我们不妨回溯一下人类的历史。 其实， 场景化学习一直贯穿于我们的生活当中， 例如现在的 VR 和 AR 设备； 以前我们沉浸在小说里， 这就是最古老的 VR 设备； 戏曲舞台上的脸谱， 那种在现实中可以增强我们想象的东西也都是 AR 设备。

我们似乎意识到场景化并不需要大动干戈， 而这是书中人类的另一个错误： 刻意练习时密度的重要性远远大于强度。

书中人类保证了场景化学习的强度， 却没有保证密度。 正如我们被老师提问发言时， 会调动每一个脑细胞去思考， 这样记忆就会很深刻，但如果后来没有多次反馈， 就会因为密度不够而无法提高自己的学习成绩。

因此， 如果没有给孩子们高密度的反馈和试错的环节是不行的， 可是保质完成这些刻意练习也有难以操作的地方。

2. 刻意练习的难点

很多人认为刻意练习难在反馈和难以忍受的持续痛苦上， 但实际上是难在没有资源和导师上，刻意练习迫切需要资源的倾斜。比如小说中的华华等人就有现成的资源，国家主席亲自给他们当老师。但由于反馈密度不够，在没有“充分试错”的环节中成长，最终也引发了世界的崩溃。

黑暗中丢失了爸爸妈妈的手，是让每一个孩子都感到最恐惧的事。

最后除了大人犯了一系列错误，最重要的是失去了一个不变量——传统观念的影响。现实中，我们喜欢把成功归功于个人的努力，忽略了社会的稳定、父母一如既往的支持等不变量的影响。而在书中，在这些十二岁及其以下的孩子心中没有令他们心生敬畏的价值观存在，从而导致了互射核弹、互换国土等荒唐的事情发生。

不同于《蝇王》中孩子们突然流落荒岛，本书设定了一系列缓冲、选拔和应急方案，却依然没有取得很好的结果。当然，除了上述观点，书中依然有很多值得我们去思考的内容。

黄土之上的众生百态

——再读《白鹿原》

文/薛园媛

四年前，陈忠实先生溘然长逝，在国内外文坛引起轰动。那时，还在读高中的我第一次听说了《白鹿原》，于是决定拜读这部巨著。当初读过一遍后，尽管我未能厘清书中复杂的人物关系和情节，但心中仍升腾起一种难言的厚重感，眼前似乎展开了一副长卷：大风裹挟，黄土弥漫，耳边是渭水的潺潺声响，青石牌坊孤零零地伫立在土塬高处，场面无比壮阔苍凉。作为陕西人，我对关中文化的淳朴、厚重和豪迈自有一番难言的亲切。如今再读《白鹿原》，我对书中所描绘的时代更迭和风云变幻，有了更加深刻地感受和理解。

在那个瞬息万变的年代，书中呈现的家族纷争和人物恩怨正是当时关中乡村社会面貌的缩影，白鹿村众人迥异的性格和人生姿态令人印象深刻。笔者在此将书中人物及其所代表的人生态度分为以下几个主题，结合读书所感加以阐述。

一、 封建道德礼教的忠实拥护者

清末民初， 在以农民为主体的社会当中， 占据正统地位的思想依旧是延续了两千年的封建儒家传统道德和宗族文化。 书中的白嘉轩、 鹿三主仆， 正是封建道德的忠实拥护者。

小说的主人公白嘉轩是一个典型的封建农业地主家庭的家长形象。作为白、 鹿两姓的族长， 他始终恪守封建道德， 小心翼翼且身体力行地维护着几千年来的封建礼教传统， 履行着一个族长应尽的责任， 如翻新祠堂、 修建学堂、 编制乡约等。 白家长工鹿三则是封建制度和传统礼教统治的忠实遵从者。 鹿三木讷老实， 对主家十分忠厚， 虽然贫穷但脚踏实地、 吃苦耐劳， 凭借自己的劳动获取维系家庭的经济收入。

以传统的评判标准来看， 这二人身上具备的优点并不在少数。 白嘉轩在书中有这样的自白:“我一生没做过见不得人的事。 凡是怕人知道的事就不该做， 应该做的事就不怕人知道。” 他为人处世光明磊落、 始终坚守原则。 他身为财东却仁义宽厚， 同鹿三以兄弟相称， 对其一家人困窘的生活多加照拂， 亲自出钱供黑娃读书； 他刚正不阿， 雷厉风行地遏制了村中吸鸦片赌钱的恶劣风气， 即使后来儿子孝文犯禁也毫不徇私手软； 他精打细算、 朴素勤俭， 与长工鹿三一同下地劳动， 购置轧花机轧棉花以赚取额外收成。 而与之呼应的， 则是仆人鹿三的老实本分和忠心耿耿。 面对白嘉轩的温和厚待， 他一直教育两个儿子要知恩图报。 而对叛逆时期的黑娃带给白家的伤害， 他内心始终充满了羞愧和歉疚。 这对主仆的融洽关系， 微妙地呈现了封建法度的执掌者和顺从者之间所能达到的最理想的平衡状态。

值得一提的是， 白嘉轩的次子白孝武， 最终也在父亲的影响和教育下， 成为这种理念的继承者和践行者。

然而，封建道德的局限性和落后性同样从他们身上得到体现。第一，生活在小农经济为主导的社会中，他们容易满足，推崇小富即安。他们对革命这类新生事物本能地充满排斥和怀疑，无论当权者的剥削多么严重，只要仍旧能够维持生活，他们便安于现状，甘于受剥削而换取一时的安宁，情愿选择顺从而不思反抗斗争。第二，封建家庭家长的固执与独裁，在两人身上均可见一斑：当子女（孝文、白灵、黑娃）与他们产生分歧时，便以其为耻，冷漠地与之断绝关系。身为长辈的尊严和传统意义上的荣誉脸面盖过了血肉亲情，何其可悲。第三，封建思想的腐朽使得他们充满了对女性的歧视，视不守妇道的田小娥为耻辱，视白灵追求自由的抗争为胆大包天的无理取闹和丢人现眼。他们是时代之交尚未退出历史舞台的封建残余，终将被时代的潮流所淹没。

二、精于世故的逢迎者

与白嘉轩代表的封建传统道德奉行者有所区别，鹿子霖代表了那个时代处于上层地位的另一类人。他们同样是封建地主阶级的代表，但他们精于世故，能够在乱世中四处逢迎、灵活变通、巧妙钻营。然而，他们最大的弱点是个人原则及道德修养的缺失。

虽与白嘉轩生长在同样的社会环境与文化氛围之中，但鹿子霖的为人与他截然相反。白嘉轩坚持让子女接受旧式教育，而鹿子霖却是白鹿村第一个送孩子接受新式教育的人。不同于白嘉轩横眉冷对权势名利，鹿子霖在国民政府时期担任了白鹿村的乡约，并且混迹官场几十年，对于同权势交好感到无比的风光和满足。他不顽固、善变通，从善如流地接受新生事物，且外表随和、性格开朗、能言善辩，比古板严肃的白嘉轩更会讨人喜欢。

但是，随波逐流和缺少原则往往会导致个人道德缺失和品格败坏，进而使人万劫不复。鹿子霖表里不一，表面上一副亲切慈爱的长辈样貌，内心却充满不光彩的想法。他争强好胜，这本算不得缺点，但坏就坏在他心胸狭隘，总要同白嘉轩暗较高低，而且为了虚荣的胜利不择手段。他一手策划了白孝文的失足与堕落，驳了白家的声望和脸面。最令人不齿的是他对女性的轻薄和亵玩，凭借自己的显赫地位，乘人之危强占了走投无路的田小娥；醉酒后将儿媳误认成妻子，做出轻浮举动却浑然不知，导致儿媳在痛苦中羞愤致疯，凄凉死去。正如白嘉轩对他的评价，“人狂没好事”。外强中干的逢迎者，最终在新中国对旧官僚的批斗中被吓疯，失去了有灵性的生命，不久后走向了灭亡。

如果说旧社会的“白嘉轩”们的人格中尚有可取之处，那么张狂恶劣的“鹿子霖”们咎由自取的下场，就应当成为警示后世的鸣钟。

三、光风霁月的儒者圣贤

在书中，以朱先生为代表的传统文人是超脱于世俗而存在的。他们被百姓视为圣贤君子，有涵养、有风骨，更有品格、有气节。朱先生也是我纵观全书两次后，最为钦佩敬仰的角色。

朱先生是主人公白嘉轩的姐夫，是滋水县有名的才子，一名传统的古代文人和儒家学者。他早年中举却拒绝出仕，执教白鹿书院，桃李遍地。在我看来，他脾气古怪，身上有着传统文人惯有的倔强和执拗，但同时他也拥有一个大儒应有的全部高尚品格，始终保持着“浩然正气”。

儒家的仁爱之心在他身上体现得淋漓尽致，黎民百姓始终占据了他心中最重要的位置。饥荒年间，朱先生亲自主持赈济灾民，对乡民始终保持着悲悯和仁善。他治学严谨，生活清贫朴素——“从头到脚不见一根洋线一缕丝绸”，好似箪食瓢饮而不改其乐的颜回。他淡泊名利，当权者、得势者换了又换，他却从未向任何人卑躬屈膝，只有祸及百姓的事才能使他四处奔走发声。

同时，他并非只会念诵“之乎者也”的书呆子，而是一位有勇有谋的猛士。千钧一发之际，他只身闯入西安城游说巡抚退兵，免去一场生灵涂炭；他倡议八位同僚一同编纂县志，将古老县城的千年历史付诸史册，流传千古；在学生鹿兆海抗日牺牲后，他义愤填膺，率领八位老学者毅然宣告弃笔从戎，虽然最终受到阻拦未能成行。

最令我感到神奇的是朱先生的神机妙算。他就像是白鹿原上的“诸葛亮”，小到天气晴雨和村民牲口丢失的方位，大到天下形势甚至百年身后事，都能一一准确预料。

“自信平生无愧事，死后方敢对青天。”可以说，朱先生是中国历代名人名士高风亮节的缩影，是作者融合了历代杰出文人高尚情操的产物。这样两袖清风又铁骨铮铮的形象，值得成为中华传统精神的楷模。

四、浪子回头的“好孩子”与“坏孩子”

起初，族长白嘉轩的长子白孝文是传统意义上的好孩子——端庄、得体、持重；而长工鹿三的长子黑娃是典型的坏孩子——叛逆、轻狂、桀骜。但最终，殊途同归，二者先后离经叛道，在经历颠沛流离后又先后选择了回归家族故土。

记得曾经看到过这样一句话：“人向上走，成神；往下走，为鬼。”我认为可以作为白孝文人生轨迹的写照。白孝文自幼生长在父亲严厉的教导和殷切的期望下，处处约束着自己的言行举止。我想，在这种压抑环境中长大的白孝文，内心实际是隐藏着怯懦和软弱的。但当他触犯族规被父亲秉公严厉惩处后，他察觉到自己不再被父亲视为骄傲，甚至被父亲和兄弟冷漠地无视时，前半生一直生活在尊荣中的他手足无措，不知如何从这般境遇中拯救自己。最终，他抛去了心中最后一丝羞耻之心和为人的自尊自爱，堕落成了人人不齿的败家子。但当他历尽白眼耻辱和苦难折磨，又从一碗舍饭中幡然醒悟，重整精神，找回了往日的社会地位和声望。然而，这个残酷的过程却使他失去了为人的善良和真诚，变得冷酷而狠厉。

黑娃幼时起便十分畏惧威严的白嘉轩。他不爱读书，缺少管教。自由的天性促成了他初成年时的逆反心理——“我嫌嘉轩叔的腰挺得太硬太直”，以至于他将白嘉轩的宽厚与正直视作伪善。在心爱的小娥被族规惩处后，黑娃对白嘉轩和封建礼教的反叛被激化，于是他选择落草为寇，出于报复的心理打折了白嘉轩挺直的腰杆。

小娥的死亡和为匪时所经历的沧桑促成了黑娃的反思和回归。他接受了保安团招安，迎娶了一位书香门第的女子，开始读书知礼、修身养性，在朱先生的帮助下“学为好人”。在知识学问的滋养下，他剥去了曾经的年少轻狂和暴戾恣睢，但内里却仍然保持了男儿的血性，并在最后关头组织领导了县城的起义和解放。

可悲而讽刺的是，昔日仁厚善良的年轻族长白孝文却成了阴险狡诈、笑里藏刀的伪君子，在新政府肃清封建残余的行动中，他以黑娃昔日的土匪身份为借口，无视他的正直作为，枪毙了真正的人民解放英雄——一腔赤诚的黑娃。耐人寻味的故事结尾，一时令人百感交集。

五、觉醒与反抗中的进步青年

在时代的更迭和历史的潮流下，古老的白鹿原也涌现了新生势力和解放思潮。一群接受了新观念、新思想洗礼的年轻人，纷纷开始反抗禁锢人性的旧制度和旧礼教。

鹿兆鹏是白鹿原第一个共产党员，也是旧社会剥削制度最早的反抗者。接受了新思想的他拒绝接受包办婚姻，大力赞扬黑娃和小娥的自由爱情，他鼓励黑娃率领年轻人在原上进行农民革命，批斗地主和压迫者。他面对国民党三番两次的迫害始终保持忠诚，暗中发展壮大了党在农民群体中的力量。白嘉轩的小女儿白灵是典型的新女性。她性情刚烈，将刀架在脖子上逼迫父亲送自己上新式学堂；为了自由和理想逃婚出走。鹿兆鹏和白灵因为共同的共产主义理想，成为在民族解放征途上并肩作战的战友，最终产生了伟大的革命爱情。

此外，新青年的代表还有鹿兆鹏的弟弟鹿兆海。少年时，鹿兆海与同窗白灵共同怀有对国民革命的一腔热血，从而两情相悦，立志报国。然而两人最终却随着国共合作的破裂，阴差阳错地因为不同的信仰而分道扬镳。鹿兆海虽身在不同党派，却同样赤诚，为抗击日寇侵略献出了年轻的生命，壮举可歌。

新青年的觉醒带动了民族的觉醒，他们的抗争实现了国家的解放。任何时代我们都必须牢记：青年是国家民族未来面貌的缔造者，青年兴则国兴，青年强则国强。

《白鹿原》是一部中国近代史的史诗，一幅波澜壮阔的画卷。黄土之上的芸芸众生跃然眼前，以各自迥然不同的态度和方式度过人生，演绎着传统与新潮的冲突和交织。读之似乎听到了历史洪流的咆哮，心情澎湃，久难平息，唯余一声长叹。

一身才华，却一生飘零

——《呼兰河传》读书笔记

文/刘雅仪

《呼兰河传》记录了萧红的童年，虽然其中不缺乏艺术化的语言甚至事件，但其充满感情的经历一定是作者本人一直留存在心中的深刻记忆。在呼兰小城度过的童年，童趣但又压抑，也许就是这些决定了萧红一生的性格或者命运。就像奥地利心理学家 Freud 的理论：一个人童年的不幸，会影响其终生。而作者离开呼兰河之后的经历又影响了其对于呼兰河的思考。

赏析这本小说，我认为应该先了解作者的创作背景和人生经历。

1911 年，正值清朝统治土崩瓦解的前夕，张乃莹出生于黑龙江省一个偏僻的县城，位于松花江和呼兰河的北岸。9 岁时，她失去了母亲，父亲却马上续弦。有重男轻女思想的父亲和情分淡薄的后母让她的童年并不快乐。祖父是她生命中最不舍的亲人，和祖父待在一起的时光，单纯快乐，能够忘却所有忧愁，迺莹可以戴着草帽和祖父一起在花园里躺一下午。呼兰小城里还有很多邻居，他们在《呼兰河传》中占了很大篇幅，他们墨守成规、封建迷信，让诸如小团圆媳妇之类的人们无辜死亡。这些事情在小迺莹的心中烙下了深刻的记忆，这也是那个落后的时代造就的悲剧。之后的张廼莹一次次地逃离封建家长制，远离家乡去寻找自己的自由、幸福，追寻现世安稳。

《呼兰河传》书稿的创作，自1938年开始于武汉，于1940年在中国香港完成。此时抗日战争带来的深重灾难和萧红日益病重的身体，让远离家乡、飘零一生的她对自己的童年和家乡更加地思念。于是，萧红创作了《呼兰河传》这本小说，来记录自己浓烈的乡愁以及对当时社会的反思。

《呼兰河传》的故事由一条长长的、冰冷的呼兰河连续而成，故事围绕呼兰河和河边小城的居民展开，是一本小城的传记。“我”穿插其中，用孩子的旁观眼光讲述小城故事。这本书没有固定的主角，或者说每个人都是书中的主角。全书共七章，每一章都描写了性格典型又分明的不同的人物，他们彼此相互独立，但又构成一个整体，是生活在呼兰小城民众的缩影。

呼兰小城是荒凉的，呼兰人民也是荒凉的。

“严冬封锁大地的时候，则大地满地裂着口。从南到北，从东到西，几尺长的，一丈长的，还有好几丈长的，它们毫无方向地，便随时随地，只要严冬一到，大地就裂开口了。”作者一开始就营造了一个极度荒凉冷漠的氛围，寒冷封闭的小城里生活了各式各样的人，但他们似乎有一样的特点：都被困于东二道街的“大泥坑子”，看不见外头。

呼兰河城的人，一生都是逆来顺受、因循守旧的。他们对于错误不会主动去改正，他们没有工夫去考虑生命和存在的道理，他们只需要生存。对于生、老、病、死的态度，也是既来之则安之。“假若有人问他们，人生是为了什么？他们并不会茫然无所对答的，他们会直截了当地不加思索地说出来：‘人活着是为吃饭穿衣。’再问他，人死了呢？他们会说：‘人死了就完了。’”但是从另一方面来说，他们也有顽强的生命力量。矛盾曾有言，在冯歪嘴子身上也找不出什么特别的东西。除了生命力特别顽强，而这是原始性的顽强。呼兰小城里不管是底层人民还是富贵家族，新生命、新血液都在不断地注入，因此即使大流思想顽固老化，但是偶尔也有一些小孩子萌发出自己的想法，隐隐约约有正确或错误的评断，但是囿于长辈，他们小小的反抗被打压，这样小孩子们最终也成为这样的长辈，一代一代下去，呼兰小城还是那样。

在这座刻板单调的小城里，人们一直都很有规律地过日子，从来没有什么新鲜事，甚至依附于封建迷信的跳大神、四月十八日娘娘庙等热闹的节日都很单调呆板。

鲁迅先生曾指出，萧红的作品风景大于人物，描写大于叙事，结构散漫，随心所欲。但是《呼兰河传》除了延续萧红天才般的文字描述功底，除了从孩童角度看待景物抒发强烈的情感外，还将故事中每个人物的性格表现得有血有肉、活灵活现，人物的故事更是写得让人身临其境。后花园、祖父和“我”是不可缺少的三样，祖父在花园里耐心教“我”农活农事，和小孩子的“我”一起在远离烦恼的这里嬉戏玩闹，悠闲自在，祖孙两人欢声笑语的场景历历在目，让人感觉到自然而又鲜活。写到卖豆芽的王寡妇时，萧红依然用平静的笔触来描述着王寡妇丧子后的生活和其他邻居的习以为常，但又让人从平静中感受到悲哀。所有小说中的人物都仿佛是我们生活中的普通人，他们有血有肉，只是被禁锢在传统封建的牢笼里。与其说它是一本小说，倒不如说是一本有着抒情诗的散文风格、熟练的回忆技巧、浑重而又轻盈的文笔的回忆型散文。

《呼兰河传》其轻盈的一面直逼沈从文的风土人情描写，把小城刻画得生动而细腻。厚重的一面，则继承恩师鲁迅先生的遗志，客观讲述当时人们封建落后的思想，表现了国人的麻木不仁。她批判现实社会的人们的愚昧保守、对生命的漠视和对迷信鬼神的崇拜。萧红欲唤醒人们沉睡的灵魂，启发人民的责任感，这对处于抗日战争爆发时期但仍然被困于封建思想的中国具有深刻的意义。同时，《呼兰河传》也是一本在文学史上深受享誉的作品。矛盾在为《呼兰河传》做的序中曾评价说：“《呼兰河传》是一篇叙事诗，一幅多彩的风土画，一串凄婉的歌谣。”它有天真，有欢乐，但更多的是沉重的喘息和艰难的呼吁。

有民国旷世才女之称的萧红，骨子里透着自由与热血、孤独与清冷，她在生活与文学创作中都特立独行。文学大家鲁迅曾断言：萧红是中国最有前途的女作家，她是20世纪30年代的文学洛神。历尽人世沧桑和颠沛流离之后，还能用如此纯真、自然的笔调写出人世间最深沉又最普遍的孤独与寥落的，恐怕只有萧红一个。萧红是在文学创作上极其有天赋的天才，这是同时代的女作家、男作家，甚至后时代的人们都难以望其项背的。

“花开了，就像花睡醒了似的。鸟飞了，就像鸟上天了似的。虫子叫了，就像虫子在说话似的。一切都活了。都有无限的本领，要做什么，就做什么。要怎么样，就怎么样。都是自由的。”萧红一辈子在逃离束缚，追寻自由，珍爱自己，追寻简单的安稳生活。《黄金时代》中的萧红因战争流落武汉时在朋友工作的出版社打地铺，当时她正身怀六甲，可即使在人来人往、噪音嘈杂的环境下，她也能安之若素。若有稿费了，还会请人吃刨冰。

家长制的残酷，男尊女卑的封建观念，日军的践踏和痛苦的病症，注定了萧红无论如何反抗终究不能在动荡漂泊的社会中找到现世的安稳，岁月的静好。“她从呼兰逃出来，到死都没有找到自己的屋子，一直住在不同的旅馆里。中国少了一个家庭妇女或姨太太，多了一个流浪者，一个对自由的追逐者，一个在文学上做出独创性的作家。”

在看清人世百态后，萧红却依然有足够的勇气来与世界温柔相处。她的洒脱与骨子里的韧性，让她的灵魂里充满了北方狂风的凛冽和无所畏惧。在我心中，萧红就是这样的一只长着宽大翅膀于蓝天翱翔的鸟儿，她漂泊一生，却又从未停止过对暴风骤雨的反抗。

真美即善

——读《巴黎圣母院》 有感

文/徐可欣

一、 简介

1831 年 3 月， 雨果出版了《巴黎圣母院》。 这本小说不仅是他自己的作品， 也是整个 19 世纪浪漫主义文学的杰作。 此前， 虽然七月革命建立了以路易 · 菲利普为首的七月王朝， 但大革命的浪潮却依然没有褪去， 冲击着所有人的内心， 雨果也不例外。 除此之外， 就内容而言，影响更大的是他此时正经历的一场感情变故——他的妻子安戴尔背叛了他。

一般而言， 每一部作品都不仅是作者的一段文字， 也是他的情感、他的故事、 他的思想。 庸人或者冲动的人遇上这种事， 最多骂骂咧咧诅咒当事人或者提上刀剑， 等待着第三者接住掷出的白手绢儿也就罢了。雨果却有所不同， 他在排解自身情绪的同时， 还产出了这样一部放在人类文明史中都可以称得上是伟大的作品。 尽管雨果也在抗拒将太多的个人色彩添加到一部小说中，但是又不得不承认，每一部小说都带有作者自画像的影子——其中一个影子便是《巴黎圣母院》是关于爱情的悲剧。

爱情悲剧千千万万，但是伟大的作品之所以能称得上是伟大，就在于它不仅是个人情感经历的倒影。雨果天生的人道主义和善良的情感，赋予了巴黎圣母院更深沉的内涵。

诗人向来有敏感而富有同情的心灵。看到“命运”这一由无名氏于巴黎圣母院留下的深嵌进钟塔暗角处石头的希腊单词的那一刻，一个想法便闪烁在雨果的脑海中：“那哥特字体的奇怪样式之后，贯穿了几个或痛苦或罪恶的灵魂？”这使得一场伟大想象由此开始。

二、美丑对照原则

谈到《巴黎圣母院》，我们往往会谈到美与丑的对照：畸形靠近着优美，粗俗贴近着崇高，黑暗照应着光明；也往往谈起一生只需要空气和爱情的爱斯梅达拉，在人性与宗教的两难之中变态的克洛德，形体扭曲内心善良的卡西莫多，徒有其表而虚伪的弗比斯。善与美对所有人的吸引力和艺术上的美与丑、善与恶在普遍意义上的相对性，由这些人展现得淋漓尽致。

就其内容而言，《巴黎圣母院》可视为一首对美的赞歌。以美丑善恶的对比来弘扬美与善，批评丑与恶，这个主题曾经是、现在是、将来也依然会是无数文学作品永恒探讨的主题。

要弘扬美，首先就要明白什么是美。朱光潜在《谈美》中说道：“艺术的美丑和自然的美丑是两回事，艺术的美丑不是模仿自然的美丑所得来的。”我认为，艺术的美丑不同于物质上的美丑，它是抽象的，为了体会它，需要创造另外一个丑陋的东西与之对比。在这里，我注意到，《巴黎圣母院》以主人公爱斯梅达拉为中心展开的一系列她与其他男性的爱恨情仇，都是围绕着美丑对照原则展开的。

三、对照中被摧毁的“美”

1. 爱斯梅拉达——美的符号

吉卜赛女郎爱斯梅拉达的身上除了具体的、直接被雨果记录在纸上的美貌之外，还有着善良、热情等一系列美好的品格，也就是“心灵之美”。在我眼中她已不再是一个小说中普普通通的角色，而是雨果按照当时人本主义最大的理想打造出来的一朵“百合花”，然后被隐晦地抽象成了一个“美”的符号。

爱斯梅拉达作为一个“美”的符号，既是肉体上的，也是精神上的。雨果甚至在第一卷爱斯梅拉达的名字第一次出场就借着甘果瓦的口给了她最好的比喻：“他们忙着看所有人，看克洛潘图意希，看红衣主教，看科勃诺尔，看卡西莫多，看魔鬼，却不看圣母玛利亚！假如我早知道一点，我早就把圣母玛利亚送给你们啦，你们这些东逛西逛的家伙！”

雨果借着这段话给了她一个人本主义下被创造的人的最大的神一般的美貌和灵魂。好像在对着我的耳朵大声叫喊：“看吧！我已经如此暗示了。如果你读完全书，依然不知道什么是美丽，那就回过头来看一看开头吧！那就是爱斯梅拉达啊！”

可悲的是，或者准确地说，阅读名著的可悲之处就在于在细读《巴黎圣母院》之前，我就已经从众人的合唱之中了解到她命运的悲剧性。雨果为一个女性的美做了如此之多的脚注，最后却让她被绞死！鲁迅先生在《再论雷峰塔的倒掉》中说：“不过在戏台上罢了，悲剧将人生中有价值的东西毁灭给人看。” 古往今来世界上所有悲剧的统一性都在其中。

2. 克洛德——无美之人

克洛德不是一般意义上的反派，雨果对他的塑造饱含着怜悯。年幼时，他还“是一个忧郁、认真、严肃的孩子，学习很勤奋，领悟很快”。他十分好学，“对于此时的他而言，好像生活的唯一目的就是学习”。除此之外，他还关爱亲人，富有责任感。克洛德不嫌弃卡西莫多的外貌，收他为养子，成了一个孩子温和的保护人。如果时间停止在这时，也许克洛德还是一个年轻有为的神父，一个虔诚内敛、博学好问、积极温柔的人，一个好人，一个内外兼美的人。

但是我知道，一切对人的描述，一旦带上了“此时、这时、想当初”这一类的词语，那么他必定会在以后有天翻地覆的变化。

副主教克洛德深沉地爱慕着爱斯梅拉达，从爱斯梅拉达的舞蹈中，克洛德找到了他在宗教禁锢中枯萎的心灵所失去的东西：“狂热的生命，深刻的热情。” 克洛德的欲望燃烧起来，却在禁欲主义的大门前徘徊往复，在心怀他人的姑娘面前千回百转。于是他面对爱情只会自私地掠夺、无耻地独占、无能地嫉妒，他曾经对知识——或者美的追求已经成为对美的野蛮掠夺。

这时的克洛德老去，一切也都相反了。在生理上，他成了一个丑陋的人——一个额头打皱，只有几撮稀疏头发的秃头；在心理上，他也成了一个不堪且分裂的人——在爱斯梅拉达跳舞时用又凶又狠的话恐吓她。他此时还妄图自欺欺人，在宗教的世界里妄图挽留一丝精神上的安慰，但这适得其反，更加泯灭了他的人性。克洛德已经完全地将其青少年时的优点抛弃了，失去了他的美。

雨果在克洛德意识到自己的美已死时，还为他准备了一份不薄的陪葬品。爱斯梅拉达的爱情是淳朴的、真诚的，因而也是忠诚的、绝对的。在牢房里，她致死也没有违背自己的爱情向克洛德屈服，并辱骂克洛德:“滚吧, 该死的东西! 永远不能!” 于是克洛德彻底地变态了,他决定将爱斯梅拉达送上绞首架。 克洛德之美的自我消灭最终要以毁灭另一人的美来宣告!

3. 弗比斯——伪美之美

爱斯梅拉达与弗比斯命运的相见从一次英雄救美开始, 在爱斯梅拉达的心中, 弗比斯定然是见义勇为的英雄。 弗比斯美丽的外表、 贵族的身份、 英雄一般的气质都满足了一位浪漫而又涉世未深的少女对于爱情的憧憬。

弗比斯只有其华丽外表铸成的虚假外壳, 而实际上他轻浮、 好色又虚伪, 他的美是一种“伪美”。 当第一次与爱斯梅拉达见面时, 他就想要“伸出有小胡子的嘴去吻那个姑娘”; 在爱斯梅拉达逃走之后, 又骂她:“那个婊子。” 他表面上喜欢爱斯梅拉达, 实际上只想与她发生关系, 在自己已经有未婚妻的情况下, 他更加享受着被追逐的快感。

把爱情建立在一个错误的人身上只会招致厄运, 或者最终变成爱情的奴隶, 她享受的不是真正的意中人, 而是自己对于幻想当中的意中人的爱。 爱斯梅拉达与弗比斯当时仅一面之缘, 在了解到“弗比斯” 在拉丁文里的意思是一位天神的名字之后, 爱斯梅拉达热情而冲动地重复着这个词; 后来她在独处之时, 也常常低诵弗比斯的名字。 爱斯梅拉达爱上的只是自己想象当中的英雄, 所以在见到弗比斯与他的未婚妻在一起之后, 她依然会自欺欺人, 无法自拔。

虚伪的美就好像给烛台上燃烧着的火苗罩上了一层灯罩, 使暴虐的火焰只散发光和热却不露出危险, 诱导着飞蛾奋不顾身。 藏身地洞的爱斯梅拉达最终因为一声“弗比斯” 而暴露了自己, 断送了生命。 有几个黄昏, 她所听到的那支凄凉古怪的歌, 正如一个古老的箴言:“不要看脸孔, 姑娘啊, 要看那心灵。”

4. 卡西莫多——真美之心

除爱斯梅拉达与弗比斯、克洛德的对照之外，《巴黎圣母院》中还存在着另一份对照：爱斯梅拉达与卡西莫多。从描述他出场的第一个单词里，卡西莫多就令人惊异：奇妙无比的丑陋面貌、驼背、罗圈腿、独眼、耳聋。似乎世界上一切能使一个人身型扭曲的事情都发生在他的身上了，如果说爱斯梅拉达的外表是“非人之美”，那么卡西莫多就是“非人之丑”。与“太阳神”弗比斯相比，他实在是叫人难以直视。

但是爱斯梅拉达却令他得到了救赎。当卡西莫多在刑台上时，红衣主教转身放弃了他，人们嘲讽他、向他投掷瓦罐。卡西莫多求水的呼救已经喊了三遍，却没有人施舍。一滴水——真的，只要一滴水就够了——就能拯救这个卑微的灵魂。于是爱斯梅拉达从胸前取出了一只葫芦，换来了那不幸的人生平也许第一次流的泪。

后来卡西莫多冒着生命危险将爱斯梅拉达救回巴黎圣母院，将害死她的养父克洛德扔下巴黎圣母院，抱着她的尸体进入坟墓。什么样的恩情值得用命来偿还？没有恩情值得。但是一种知恩图报的自觉、一种公正的道德、一种失去挚爱者的绝望值得卡西莫多为爱斯梅拉达披荆斩棘、大义灭亲，甚至同生共死。卡西莫多的外表虽然丑陋，但是他善良的本性使他在爱情中得到了释放，他拥有真正美丽的心灵。

爱斯梅拉达与弗比斯是近中远，卡西莫多与爱斯梅拉达则是远中却近。所以从某种视角来说，唯有他与爱斯梅拉达最终得到了永恒。

5. 真美即善

欧洲有些悲剧的特点是：悲剧即是命运。不巧，在我眼里，《巴黎圣母院》的悲剧正是这一种。悲剧——一个人的悲剧——也是所有人的悲剧：放纵了世界上有价值的东西的毁灭。因此，由于个人力量在命运，或者说无意识的群体面前如一粒微尘般无力，所以不论悲剧的主角如何试图躲避或者扭转，其结果对这个人来说都是悲剧。《俄狄浦斯王》

中对俄狄浦斯的预言与其杀父娶母的结局的一致性正如此例。

爱斯梅拉达的爱情不是被突兀地安排的，而是被内在的因素预定的：被她颠沛流离的经历、她缺失的教育、她的“我只能爱一个能保护我的男子汉”的爱情观所设定。雨果给了她超凡脱俗的美貌和心灵，却决不允许她成为一个十全十美、只会泽渥众生的女神，于是就给了她最大的弱点——爱情，盲目的、肤浅的爱情。

爱斯梅拉达的爱情是盲目的，但是她追求爱情的精神却体现了人性的伟大。越是在死亡的关头不屈服，越是体现出爱斯梅拉达对爱情的坚贞。爱斯梅拉达告诉我：一份爱情的存在，只能是听从内心最自然的声音，同样的，行为也正听从于那个心中声音的实质。爱斯梅拉达的形象之所以晶莹剔透，纯洁得无与伦比，正是由于她从内到外的善与美都圆融如一。因此，不论是对于小说中的男人们还是书外的我，她都有着令人目眩神迷、魂牵梦萦的魅力。

什么是真正的美？看完了整本书，我想，最佳答案就是由雨果的《巴黎圣母院》提供的。真正的美就是善，追求美就是追求善，这就是我们将“真善美”并称的原因。雨果将抽象的美具体化了，人对于美的追求就是爱斯梅拉达对爱情的追求。弗比斯只有伪美之美，克洛德沦为无美之人，他们只能导致真正的“美”的死亡，唯有卡西莫多拥有的心灵之美才是真正的“美”生长的根基。

四、第一千零一人的回答

我为爱斯梅拉达之死感到可惜却不为之感到可怜。纵然爱上了一个不该爱上的人，也是由她自己出于一个人的欲望，即追求美所做出的选择，她死得其所。爱斯梅拉达从浪漫主义对人的推崇而生，也必须为浪漫主义对人的推崇而死。雨果在写作的过程中，内心想要表达的对于人本主义的思考、对于卑微者的深切关怀的内容战胜了他所想复述的自己的爱情悲剧，他对所达成的与自己的和解与升华，做出了对于美的诠释。

《巴黎圣母院》告诉了我，什么是自然状态下本真的人，善与美对人的重要性，什么是人的本质追求，什么是真正的美。“好看的皮囊千篇一律，有趣的灵魂万里挑一。”在现代社会的网络世界里，无数纷繁复杂的信息充斥于脑海，网红们身上体现的审美观却千篇一律，如同模板印刷。经过无数届的评选之后，如今人们已经“获得”了对于“感动中国年度人物”们客观冷淡的语调。在对于这些作壁上观的时候，人们到底是一个置身事外的理性人还是正在消亡的沉默者?

人们称赞雨果:“雨果是一个可以、也是应该进行‘现代阅读’的诗人和作家。”每个时代都需要对他进行解读，每个时代对他的解读都将重新擦亮他的思想，使之历久弥新。流亡者在《最后的话》中说道:“如果还有一千人，那好，就有我一份！即使还有一百人，我要和暴君拼命！如果剩下十个人，我就是第十个人！如果仅有一个人，我就是最后一名!”然后拒绝了大赦。一百多年后，北岛的《回答》唤醒了迷茫的时代；现在，倒置的审美观正需要我们新的声音——真善即美!

为什么活着

——读《月亮与六便士》有感

文/张应敏

《月亮与六便士》是一个关于理想与现实，物质与追求的故事。

书中的理想不同于我们常说的理想，比如说我的理想是成为一名成功的律师，如果你问一个小孩子他的理想是什么，他或许会说是画家、科学家、音乐家、大富翁，也或者是卖冰激凌，这样他就会有吃不完的冰激凌。小孩子的理想看上去天真无害，你听了或许也就觉得说说而已，因为你曾经也说过，可是你早已忘了你说的是什么。我的理想听上去斗志昂扬，任何一个法学生都应该有成为大法官、检察长或者享誉全国的名律师的理想，就像每一个士兵都该有成为将军的理想一样，但是我的理想也只是我认为我应该这样，我有着这样的志气，我身边的亲人朋友都会感到欣慰，就像小孩子觉得科学家很了不起，所以理想是做一名科学家。

但是，有一个年近四十的银行职员，他生活稳定和其他人没什么两样甚至过得比一般人更惬意，可他突然要抛妻弃子。原因只是他想画画，不是为了别的什么，就只是想画画，他之前从来都没有画过，但是他知道他应该画画，就像被什么东西攫住了，不画的话就会死。为了活着他什么事都干，衣衫褴褛，吃的食物勉强果腹，但他活着就是为了画画。

我对自己的文采没有什么自信，时间也不宽裕，几次想要放弃写这篇读后感。但是自从我有了要写它的打算，那些词句就像泉水一样涌进了我的脑子，我就总是在想着，吃饭的时候在想，走路的时候在想，甚至睡觉的时候也在想。这些词句缠绕着我，非得我把它们写下来才肯罢休，这时候我想那种逼着画家画画的力量，我也算是感受到了一点。

书中的理想不是“我应该”而是源自心灵，让人觉得这是不得不做的事，有着这样理想的人总是让人油然而生一种敬意。每一个见过画家的人都觉得他是一个十足的怪人，但他们自己也不知道为什么眼前的人虽衣衫褴褛、其貌不扬却总让人觉得喘不过气来。虽然我没有亲眼见到这位画家的荣幸，但是在一行行的文字之间，我也被这种力量震撼到了，深深地被他折服了。我开始回顾我走过的这些年，我还年轻，未来充满无限可能，可是未来究竟要走向何方呢？现在的我和拥挤的人潮站在去律师事务所的地铁上，每到一个站口，地铁的门一打开，人群就像洪水一样冲了进来，压得人透不过气。地铁开始加速驶往下一个站的时候，所有人都像风吹过的麦子一样倒向一边，你压着我，我压着他，这时候往往能听到几声咒骂，但是听不清楚，因为人实在太多，声音也很多，直到车平稳起来，人也都立了起来，气氛才有所缓和。但是也持续不了多久，因为下一站又到了。

我为什么要在这里？和我一起挤的大人小孩们又为什么在这里？难道我们都不喜欢初升的太阳、新鲜的空气、舒适温暖的床，偏要起个大早到这来寻求刺激？于是我陷入了迷茫，既然我的生活没有要去追寻的月亮，没有那样一种力量攫住我，那我活着到底是为了什么？我开始感到害怕，仿佛有什么早就规划好了我的命运，给我上好了发条，当我和母亲相连的脐带一剪断，发条就启动了，我就在这发条的驱动下走完我的一生。

人生得意须尽欢，莫使金樽空对月。既然我没有非做不可的事，那倒不如及时行乐，何必辛苦的学习工作。但是我终于还是没有及时行乐的勇气，而是去上班了，因为我也到站了。

由读书产生的疑问最终还得在书里找寻答案，关于活着的答案自然是《活着》。余华写的《活着》有很多人推荐我去读，虽然其间的故事早有耳闻，但是直到现在我才是真正地读了。书里的福贵早年纨绔，晚年凄凄，亲人友人都死了，只留下自己和一头牛。但是福贵讲起自己的故事从容淡定，甚至还有几分安详和满足，既然活着的日子还得一天一天过下去，老人就牵着富贵继续下地干活了。望着老人的背影，我想这一辈子老人虽说没有什么理想，但是也不算白活。

我的生活没有月亮，没有那样让人震撼的力量，我为此而感到的困扰或许只是庸人自扰罢了。人活着不就图个开心吗？可问题又来了，开心是什么？我今天吃过了午饭，可我觉得还不满足，为了开心我又吃了一包薯片、一个冰激凌，我还是觉得我不够快乐，于是我又吃了一个蛋糕，这下我觉得我足够快乐了。可过了一会儿，我感到我的胃翻江倒海，难受极了，我又不快乐了。为了快乐我打算明天再做今天的作业，为了明天的快乐我打算后天再做，终于到了最后一天，我不得不整日伏案的时候，我觉得痛苦极了。我大学时代光顾着快乐，可到了为生计奔波的时候，我才明白原来今日的快乐全是假的，我还是活得不快乐。

我并不是反对快乐，只是反对懒惰放浪的借口。当我想赖在床上，不去上课或者不去上班的时候，当我想要暴饮暴食的时候，当我想要逃避现实的时候，我总是会寻找一个看上去十分高尚的理由，譬如人生苦短，譬如这不是我心中真正所求，既然暂时还未发现梦想，浑浑噩噩也无妨，因为我只是在思考人生。有了这样的理由一切也就心安理得了，但是我们要明白这可能只是一个借口。

我指的快乐不是那样短暂的虚假的快乐， 而是真正的长久的快乐。为了这样的快乐， 虽然我的生活没有那样的“月亮”， 但还是要学习，要工作， 要学会约束自我、 抵制诱惑、 克服懒惰。 但千万别误解了我的意思， 我并不是排斥休息和放松， 我排斥的只是过度的懒散。

就像路遥说得那样， 生活就像是一个圆却又不会以一个圆结束， 兜兜转转费了这许多笔墨， 到最后我的理想依然是成为一名成功的律师。如果要让这个理想更加伟大， 就再加上一句维护世间的公平与正义。 我还是要学习， 还是要挤地铁上班。 仿佛什么都没有改变， 可我心里觉得有什么东西不一样了。 以前很多事我是被动地去做， 或许是为了家人，为了未来的柴米油盐， 为了六便士， 但现在我想积极地去拥抱这些事，去发现生活的更多趣味， 上班的时候我不再无精打采， 挤地铁的时候我不再埋怨生活。 从前的我只是一个机械无力的木偶人， 等着生活逼着我动起来， 但现在我有血有肉， 不用生活的逼迫， 我也会主动前进了。

高中以前的我很爱说教， 像唐僧一样， 并且乐此不疲。 但是被说教的一个同学反问了我一个问题： 一个不学无术的人， 整日到处游荡， 但是他自己觉得开心， 你能说他不好吗？ 从此我便闭上了嘴， 不再到处说教， 每个人都有自己的活法， 没道理要求每个人都和我一样。

但是以上写的绝不是说教， 借用王小波杂文里的一句话： 我所说的一切， 无非是提醒后到达这个路口的人， 那里绝不是只有一条路， 而是四通八达的， 你可以做出选择。

与自我和解，拥生活入怀
——读《我与地坛》有感

文/彭警丹

这世界上有千千万万个史铁生，却又只有一个史铁生。论命运，绝大多数人或多或少都有残缺，或不同于史铁生双腿截瘫的缺陷，许是战火的纷扰，许是家庭的破碎，许是自我的迷失，说到底其实都一样，且不一定就比史铁生更幸运。但这世间史铁生却又仅此一个，倒不是因为他最终获得了“成功”，而是因为纵使命运无法改变，他也努力挣扎着在漫漫黑夜中找寻点点星光。当他终于顿悟生命的意义之后，他的灵魂开始挣脱轮椅的束缚，和这个世界融为一体，变得温柔而又宽广。

史铁生和地坛确实颇有缘分，以至于不论搬了多少次家，都好像只是在绕着地坛转圈，冥冥之中仿佛有股力量将他们牵扯在一起。用他本人的话说就是：“仿佛这古园就是为了等我，而历经沧桑在那儿等了四百多年。”然而，史铁生和地坛真正意义上的相识相知却一点儿也不浪漫。双腿残废后的史铁生内心空虚至极，为了寻找活下去的意义他才不得不摇着轮椅进入了地坛。自此，就在这座废弃的古园里，他开始了自我的挣扎与解脱之旅。跟随着他，我也开始了一段涤荡心灵之旅。

一、纵使荒芜，绝不衰败

这是一个被废弃的古园，无人看管。上下班期间偶尔有路人为了抄近路而穿过这里，热闹一阵儿很快就又沉寂下来。来这里散步的人，一天天的也大都一样，大家彼此面熟，却很少打招呼。这样一个地坛，我想若不是上天有意戏弄史铁生，收去了他的双腿，他应该也很难注意到原来这里还有那么多鲜活的生命吧！

幸运的是，现在他能看到了！竞相生长的野草肆意可爱；默默伫立着的老树朴实厚重；不知道为什么来到这个世界的小昆虫们，咋咋呼呼地发出窸窸窣窣的声响。“这个废弃的古园，荒芜却不衰败”，当他终于发出这样的感慨时，我想他的内心开始渐渐归于平静了。我猜想地坛带给史铁生的大概就是一种默默地与命运相拥，不争不怒，进而内心极度平静与自得的力量吧。

我在想，倘若真有“园神”，日日夜夜坚守在这里，见证过路人匆匆的身影和游客惬意的笑颜，他的内心该是多么的波澜不惊，多么的柔软而又强大啊！是啊，当这个世界将“废弃”强加于你，你的喜欢或是厌恶开始变得无力。可是这时，你尽可以选择荒芜，但绝不要衰败。因为，荒芜是你对命运的笑纳，是你的自嘲与豁达；而不败则是你对生的崇敬，是你的斗志与呐喊，你的坚贞与温存。

二、做自己最好的朋友和最坚强的后盾

曾经，地坛里有个被埋没了的长跑家，他盼望着以长跑成绩来获得政治上的解放，洗刷“文化大革命”时出言不慎的罪行。第一年，他

跑了第十五名，前十名的照片被挂在了长安街的新闻橱窗里，他想着，就快了。第二年，他跑了第四名，橱窗里只放了前三名的照片，他想着，别气馁。第三年，他跑了第七名，这次橱窗里却只挂了前六名的照片，他开始有点儿怨自己不争气，但依旧没放弃。直到，他终于跑了第一名，可橱窗里却只剩下一幅群众的照片，他终于绝望了。

想来这样一位让专业教练都遗憾未能早些遇见的长跑者，应当是自豪的，然而，当他的一切努力仅仅是为了改变别人对自己的看法时，他却开始变得卑微，变得悲喜不能自主。这时候，不能接受自己的看法已经从他人扩展到了他自己本身。紧接着，连他心中最后的那一丝坚定也溃然崩塌了。我想，这样近乎偏执的选择于他而言就好似一场自己与自己的搏斗，太过残忍与悲哀。如果说人心的成见是一座大山，难以跨越而又让人无可奈何，那自己对自己的成见呢？其实我们都明白，真正能陪伴我们一生的是我们自己本身，那么就学会和自己和解吧，成为自己最好的朋友和最坚强的后盾！

三、平凡生活中的感动与治愈

还记得，曾经有对青年夫妇总是在薄暮时分来地坛散步，女人总是“攀在丈夫的胳膊上像个娇弱的孩子”，男人也任由她这样，挺拔而坚定地走着。十五年后，他们在彼此“白头偕老”的誓言下越走越坚定，不过现在更像是“相互依偎”。时光并没有改变什么，他们还像当初那般漫步与交谈，只是似乎没有更亲密的举止了；时光也确实改变着什么，譬如他们鬓角的白发和愈发默契的步伐。

很多时候，我们期望我们的生活充满挑战、富于变化，每一天都有新奇的事物，的确，追索使我们始终充满活力。但我们也不必厌倦甚至排斥平凡的生活，因为生活大部分时候本就是平淡无奇的，并且乐于平凡绝不是消极与懈怠，而是一种自我治愈，它会让你的内心充满爱与力量。所以，不如就去体悟吧，去享受生活中的平凡，去感受平凡生活中的不平凡，一如和心爱的人散步，从挺拔到佝偻，青丝变白发，不也是一种浪漫吗?

四、生命的真谛

我想我大概和史铁生一样，看见了地坛的豁然与坚守，见证了长跑家的偏执与自我救赎，体味了时光的流逝在那对夫妇身上的呼应。我终于明白生命纵使荒芜也绝不该衰败；终于明白生活大约就是如此这般平凡却又充满惊喜；终于明白面对生活中的无奈，我们首先需要做的是与自己和解。

循着史铁生的思想，我也更加明白即便我们有能力把自己的一生设计得完美无缺，我们也还是会难过，因为我们缺少奋斗。未曾拼搏就达到的成功难以使我们获得真正的快感。因此，我们需要一些残缺，残缺会迫使我们去克服不利条件，进而拥有成就感。从这个意义上来说，残缺会使我们的人生更加完美。但同时，我们又不能自主地选择残缺，现实中的残缺往往是不可预计的，是全然没有心理准备的，这又使人痛苦。这时，因为害怕残缺过大而不能承受，我们又开始希望能够进行“好运设计”。这就又回到了起点，紧接着又是漫长的无限循环与自我挣扎。那么该怎么办呢？从目的转向过程吧！

我想就像史铁生说的:“所谓好运，所谓幸福，显然不是一种客观的程序，而完全是心灵的感受，是强烈的幸福感罢了。”注重过程，不要急功近利，不要怨天尤人，去感受生命的曲折与美好，去体味生命带给我们的惊吓与惊喜，去号啕大哭，去狂笑不止，去思考与纠结，去沉淀与释然，我想这就是生命的真谛吧！

从进入地坛，到走出地坛，史铁生参透了生活的意义，完成了对自我的救赎。我崇敬史铁生先生，他的坚韧与豁达让我确信，很多时候布满阴霾的是我们自己，而不是生活本身。于是我顿悟，温柔地与自我和解，再热情地给生活来一个大大的拥抱，这大概就是生命中最简单也最持久的美好吧！

追寻

——读《追风筝的人》 有感

文/高　婧

“我们没有必要知道断线的风筝会飞到哪里去， 甚至连它的影子都不值得去追随， 只要你能为它付出真心， 它一定就在你所追寻的方向。” 所以， 为了心中的美好， 让我们一起追寻吧。

追 · 真挚之谊

常言道:“千金易得， 知己难觅。” 若生命中有这样一个待你真挚如孩童、 爱你如飞蛾扑火的朋友， 请你一定牢牢抓住他的手。 每每想起“为你， 千千万万遍”， 我就会同作者一样， 在脑海中浮现出一张美好的、 永远挂着天真笑容的中国娃娃一样的脸蛋。 这个一生执着追寻真挚友谊的倔强地追风筝的小孩儿， 他心酸而曲折的人生每读一次都会让人潸然泪下。

“阿米尔和哈桑， 喀布尔的苏丹”， 这是主人公与他忠实的追随者在山坡树上刻下的童真的誓言， 可是时间不仅带走了一些痛苦的回忆， 也悄悄抹去了那些纯洁无瑕的念头。在周边人们关于哈拉扎人的偏见肆意横行的时候，少爷阿米尔不知不觉在脑中留下了对种族和信仰的歧视。对那个一出生就喊着自己名字的小哈拉扎男孩儿，他做了很多过分的孩子气的事情：为了独自享有父亲的爱，他处处掩藏哈桑，渴望将他从父亲的身边摘去，希望父亲唯一骄傲的孩子只有他一个；以小孩子恶作剧式的拙劣手法，故意将念给哈桑的情节加之改动，嘲笑从没有上过学的哈桑；在哈桑为自己挺身而出的时候，自私地认为他只是个卑劣的哈扎拉人；以及最最令人难受的是，他为了使自己内心安稳，把偷盗的罪名强加在哈桑头上……

而哈桑，这个忠实的有点执拗的追随者，即使在受到屈辱的时候，也从来没有一句怨言，他默默为阿米尔奉献一切的行为甚至天真得不太真实。阿米尔捉弄他时，他从不反抗，他第一个说阿米尔文章写得很棒，他教给了阿米尔人生中第一堂关于写作的课，他为了守卫承诺给阿米尔最后的风筝，默默忍受了阿瑟夫的欺凌……因为在他心里，他是阿米尔少爷的朋友。

可是，朋友的定义究竟是什么？没有人给出过答案。哈桑终其一生的守护更像是对真挚友谊的追索，而阿米尔负了这段真挚的感情。由于他性格的怯懦、自私的软弱，这段友谊被推到了悬崖边，然后无边坠落。可是，往事不会如常人所说的那样被埋葬，它会在不经意的瞬间爬上来，狠狠地拷问我们的内心，所以阿米尔最后选择了去追，去弥补。

真挚之谊来之不易，所以让我们勇敢追，用心珍惜！

寻·亲子之道

著名心理学家阿尔弗蕾德·阿德勒曾说过：“幸运的人一生都在被童年

治愈，不幸的人一生都在治愈童年。”如何处理亲子关系对一个人的一生有着至关重要的影响，所以我们要寻亲子之道，寻幸福之路。可惜的是阿米尔的父亲没能尽早寻找到属于他和阿米尔的亲子之道，阿米尔性格中懦弱的一面、自私的一面都与他有关。尽管他很少同孩子说话，但他的言行已经在小小的阿米尔心里埋下了阴影，而这阴影也让成年后的阿米尔用了很久很久的时间才走出来。

阿米尔的父亲是个典型的优秀的阿富汗男人，他有着聪敏的头脑，有着非同一般的勇气，有着正直善良的世界观，他是一个好男人，却不是一个好爸爸。从头至尾他都希望儿子像他一样，他带儿子去球场，希望他在球场上叱咤风云为他争光，但阿米尔用心写的书稿，他却从未认真读完，而且正是因为阿米尔的父亲隐瞒的真相，间接导致了两个小孩子最终的分离。反而拉辛汗更像是阿米尔的父亲，真心鼓励阿米尔继续写作，发掘他更多的闪光点。

这样的相处之道其实和我们身边的家长有点相似，他们总是希望自己的孩子继承到自己所有的优点，然后代替他完成未完成的梦想。但是他们不明白，其实孩子从出生起，就是一个有着自己独立人格的人，而不是任何人的附属品、复制品、替代品，他们有追求自己梦想的权利与自由，我们不该也不能未经了解就对这样可爱的理想嗤之以鼻。阿米尔的父亲在阿米尔童年时并没有想到这一点，他不曾用心了解阿米尔对妈妈的思念，也不懂阿米尔写作的初衷，只是看不起这样的儿子。当他看到儿子被欺负不还手的时候，不是告诉他应对之道，而是任其发展。直到他们一同去了美国，父亲与儿子的冰河才终于开始融化，父亲开始学会欣赏阿米尔的天赋，这时父子的相处之道才真正走上正轨。

孩子们的童年只有一次，决定他们一生幸福与否的这段时光，我们难道不该用心去寻找相处之道吗？书中关于父亲最令我印象深刻的是他在阿米尔的生日会上表扬阿瑟夫，逼迫刚刚受到阿瑟夫欺凌的儿子接受那本可怕的《希特勒自传》。就好像之前热映的电影《少年的你》中，陈念与小北的父母“名存实亡”，他们不负责任地在孩子的童年缺位，在他们最无助失望的时候没有陪在身边，让孩子在欺凌的阴影下度过。阿米尔的父亲也是这样，哪怕他与阿米尔多几次交谈，多几次沟通，他就不会不明白阿瑟夫真正的面目，难道踢球踢得好的男孩儿就一定优秀吗？那些将铁拳伸向弱者的混蛋，即使别的方面优秀至极，也不过是社会的毒瘤罢了。

亲子之道于每个父母孩子来说都是不同的，我敬佩那些愿意去寻找这条路的父母，正如书中所说：“孩子又不是画图练习册，你不能光顾着要涂上自己喜欢的颜色。”寻亲子之道实际上是寻一条属于天真孩子的幸福之路，所以我们没有理由不去追寻！

寻·救赎之路

“那里有再次成为好人的路”，这句话在书中出现了很多次，正是这句话，指引阿米尔走向自我救赎的道路。但因为他不能像哈桑保护自己一样挺身而出，因为他用卑劣的手段逼走了哈桑，阿米尔非但没能得到救赎，反而在良心的谴责下一直心有愧疚。拉辛汗的那通电话带着阿米尔找到了救赎之路，而在得知哈桑是自己同父异母的兄弟时，他更加确定了要去故乡，去找到索拉博，去追寻真正的心灵上的安宁。

“当罪行导致善行，那就是真正的救赎”，没错，阿米尔的父亲用他最不齿的偷盗的手段偷走了阿米尔和哈桑得知真相的权利。而恰恰是这份罪行，让他在面对俄国人无理的要求时不畏生死地起身制止，让他搭建房屋传播善行，让他用更多的善行弥补那个空缺，阿米尔的父亲找到了，阿米尔也同样找到了。

是突如其来的来自拉辛汗的真相，是哈桑为了维护家园悲壮的牺牲，让阿米尔最终决定走上回家的路，那条再次成为好人的路。尽管在阿瑟夫的公寓里，他被揍得体无完肤，但是心灵上的创口仍得到了治愈，而收养并慢慢治愈索拉博的善行也是他救赎之路上的善行，这点点滴滴一起累积，阿米尔像父亲一样，用善行救赎了自我。

追·和平之路

在没读这本书之前，我甚至不知道阿富汗竟然还有这样一段和平淡然的时光。孩童们过着与我们一样的生活，无忧无虑，在蔚蓝的天空中尽情地进行风筝比赛，在街头小巷肆意地奔跑追逐，在路边的小摊小贩那里购买美食，在新奇的电影院看着时下流行的电影，但是这样的时光在之后的阿富汗再也没有了。孩子们在枪炮声中啼哭，再也没有和平、安稳的生活，塔利班像噩梦一样带走了所有的美好。

阿米尔回乡的那段时间遇到了一个衣衫褴褛的老人，通过交谈才发现他曾经是一位令人尊崇的大学教授，一个将教育毁掉的国家和城市终将是不会富强的。那些毫无理由欺凌百姓的剥削者们没有半点人道精神地夺去了所有的美好事物，将和平的火苗熄灭，给阿富汗带来了轮回的厄运，给这里的百姓带来了无休止的战乱。

相比之下我更加珍惜我们所在的繁荣盛世，国家的富强让我们可以自由地发挥个人的才华，去完成自己的梦想，而这种自由在阿富汗是一种奢侈品。尽管这世上仍有炮火，但我依然相信我们能追索那条世界和平的道路，让那些无家可归的孩子都能天真无邪地长大。

笔记的最后，用书中一句触动人心的话收尾："人就是这样，总会活在某个时限内，那里的世界也许是几年之后连自己都无法理解的，但这又是我们无法突破的，为你，千千万万遍，遍体鳞伤还是会义无反顾，也许这就是人生，人生不只是做值得的事情。"

将自己的期待绘成最美的告白

——读《无声告白》有感

文/赵　越

无声告白。

这是他们一声不响地在向“我”提出诉求——用不容拒绝的双手，用有力如炬的目光——“你一定要成为最好的莉迪亚”。

无声告白。

这是“我”一言不发地在向他们诉说遭遇——用肆意叛逆的姿态，用坦然真诚的模样——“我可能无法满足他们的期许”。

无声告白。

这是“我”对自己的承诺、希望他人听到的誓言——“我们终此一生，就是要摆脱他人的期待，找到真正的自我”。

“我”承担不同的身份，倾听他们对“我”内涵各异的告白。

“我”借由不同的身份，向他们倾诉“我”内容相异的告白。

“我”摆脱不同的声音，将自己的期待绘成最美的告白。

《无声告白》阐述着这样的蜕变。

一、 女儿和父亲——异类与微笑

父亲詹姆斯对女儿莉迪亚告白：“不要忘记什么才是真正重要的。合群，受欢迎，适应环境。”

黄肤黑发使詹姆斯成了“大熔炉”里不受待见的异类。在劳埃德学院，他被同学好奇地打量、研究；申请哈佛历史系的职位，他被本土学生抢占名额；到拉德克利夫学院授课，底下的学生毫不尊重地公然逃课；与玛丽琳结婚，他被女方家庭指责“这样不对”。太多的不如意使詹姆斯穷尽一生地想要努力摆脱外貌、身份所带来的歧视、自卑。

而莉迪亚也拥有着同样的黄皮肤、黑头发。于是詹姆斯急不可耐地想要从小改造莉迪亚。他暗示莉迪亚给同学打电话交流感情，尽管一通电话只会让双方陷入尴尬；他送给莉迪亚《如何赢得朋友和影响他人》，尽管莉迪亚并不愿按部就班地去“处理人际关系”；他将穿着礼服参加舞会的莉迪亚洗成照片放进吊坠，尽管按“大家”审美的定制并不能使莉迪亚“每当看到它都笑一笑”。

学业并不是生命的全部——他们并不能使你完美地融入脚下这片土地——友情、爱情才是更重要的，詹姆斯这样认为。他拥有着知识，他在学业上优于旁人——从小学到博士，从学生到教授，一直尽然。但他并没有因此得到更多的“人生收获”。詹姆斯希望莉迪亚能理解到这一点，尽力融入人群，不陷入自己的窘境，不重蹈自己的覆辙。

于是《如何赢得朋友和影响他人》说：微笑吧。微笑的意思是，我喜欢你，你让我快乐，很高兴见到你，这也是狗获得人类喜爱的原因。它们非常愿意见到我们，以至于激动地不能自已。

你不想微笑？怎么办？逼自己笑，假装很开心，最后你会真的很开心。

“合群，受欢迎，适应环境。”

“是的，父亲。”为了詹姆斯高兴，莉迪亚假装合群。

二、宝贝和母亲——卓然与传承

母亲玛丽琳对宝贝莉迪亚告白：“相信我，拜托，别让人生从你身旁溜走。”

莉迪亚与玛丽琳有着同样的性别，是社会认为应该“主内”的身份。玛丽琳不愿意却无可奈何地屈从于这样的安排，但她希望莉迪亚能走出这一成不变的认知，传承她未能实现的梦想。

玛丽琳是优秀的。她在高中物理课上取得了最高分，在化学实验室做出了最完美的实验与报告，在拉德克利夫学院拿到了奖学金。她一直喜欢用这种方式让人刮目相看，并希望以此来逃离家政课，逃离女性管理住宅的命运。她要让大家知道——玛丽琳，是一位帮助人们止血止痛、修皮整骨、挽救生命的，优秀伟大的女性医生。

如此鸿鹄之志，却在组建家庭后，在爱情和亲情的约束下，默默沉寂了。

直到玛丽琳的母亲朵丽丝去世，《贝蒂·克罗克烹饪》如惊雷般唤醒了玛丽琳沉默的抱负——“决不能活得像她那样”，我应该坚守梦想，成就卓乎不群的人生。而不久后，她请求当博士助理被当作玩笑。但她见闻“伍尔夫医生”以女性身份被承认，加速促成了她剥离家庭，重拾梦想的决定。毕竟，“我的人生不仅如此”。

但怀孕又将她重重地拖拽回原本的人生轨迹。

玛丽琳奄奄一息了。

所幸，她还有莉迪亚。

莉迪亚拿走了《贝蒂·克罗克烹饪》，莉迪亚理解她，莉迪亚可以延续她的梦想，莉迪亚是自己的希望……玛丽琳如是以为。

于是玛丽琳将延续医学梦的指令藏进自己的行为中，告白给莉迪亚。玛丽琳希望莉迪亚准确报出算术问题的答案，玛丽琳送给莉迪亚《趣味化学》《人体解剖学彩色图集》，玛丽琳要求莉迪亚提前学习大学生物……莉迪亚则一直承受着母亲的告白，小心翼翼地满足着母亲的需求，战战兢兢地维系着家庭的完整。她要实现母亲的全部心愿，无论那是什么，只要能把母亲留在她的身边就好。

“别让人生从你身旁溜走。”

“是的，母亲。”为了不让玛丽琳溜走，莉迪亚竭尽所能。

三、少女和少年——出格与萌芽

少女莉迪亚对少年杰克告白：“我当然知道我想要什么，我……”

杰克被家人放养，莉迪亚被严格监管。

杰克冒犯年轻的小姑娘，大家却都以和他发生关系为荣。

莉迪亚努力学习，但显然，大家总在若有若无地孤立她。

杰克与莉迪亚截然对立。

所以，莉迪亚找上杰克，与其说是对他感情上的爱恋，倒更像是对他生活状态的艳羡。而杰克之于莉迪亚，则是映出了莉迪亚所处现状的畸形，催生了她反抗家庭意识的萌芽。

比如，杰克与莉迪亚在车上聊天，点出了她有意无意忽视的真实——那是什么感觉？你看上去和别人不一样。

亦如，杰克教莉迪亚开车，教给了她“出逃”的概念——考取了驾照，她就不会孤零零地困在父母身边，她可以在自己选定的时间逃离。

这要是父母看到了，一定会愤怒又失望地指责莉迪亚“出格”。但莉迪亚只感觉到从未有过的刺激和惊喜——第一次坐上别人的车，第一次和男生独处，第一次尝试抽烟，第一次对母亲说谎，第一次献吻，第一次丢下套在身上的矜持，第一次将自己的决心献给一个少年……

但杰克拒绝了莉迪亚。杰克喜欢莉迪亚的哥哥。

黏糊暧昧的桃色氛围瞬间转换为兵荒马乱的唇枪舌剑。

莉迪亚愤怒地丢下：“我为你感到遗憾。”

杰克也回敬莉迪亚：“至少我不用别人来告诉我，我想要什么。你呢？李小姐（莉迪亚）？你想要什么？”

“我当然知道我想要什么，我……”想要的是去当医生？受欢迎？告白戛然而止。

“至少我不会一直让别人告诉我该做什么。至少我不害怕。”杰克回应。

四、妹妹和哥哥——倾斜与平衡

妹妹莉迪亚对哥哥内斯告白：“你走了也没关系的，我会没事的，你不必再为我负责，也无须担心。”

莉迪亚是家庭中最受关注的孩子，父亲詹姆斯、母亲玛丽琳都将全部的爱倾注于她。内斯身为长子，却屡屡被轻视，父亲践踏他的天文梦，母亲也忽视他取得的成绩。

爱的天平倾斜得太过明显。

于是内斯将不会游泳的莉迪亚推进了水里。但莉迪亚表现出了解脱，她根本不想要那些倾斜挤压在她身上的东西，那太沉重了。内斯随即恍然自己一直错怪了莉迪亚。

在发生这并不能称为愉快的事件之后，哥哥与妹妹迅速地达成了同盟。两人在天平依然倾斜的情况下意外地达成了平衡——内斯继续研读引力、火箭、推进、自由、极光、西格玛；莉迪亚继续学习元素、反应、结合、生物、细胞、解剖。你不用说，我不会说，但我支持你，你也理解我。

可惜好景不长。微妙的平衡被内斯的哈佛录取通知书打破了。

莉迪亚拿走了哥哥的信函，她恐惧着，抗拒着内斯的离开，她不知道没有哥哥“托着自己”，自己该如何挣扎着不陷入湖底。

但内斯不会因为妹妹而滞留，他要提前去哈佛参观校园。他要穿上自己买的漩涡花纹衬衫，只留下等待兑现的“电话”承诺，离开这个家，走得潇洒。

不过……不过终归，内斯还是将星火种到了莉迪亚的心里。在临走前的夜晚，内斯敞开窗户，任莉迪亚的目光追随着他的手指，攀向无垠的天空——那里拥有着华丽闪耀的各种可能性，就如同内斯的梦想与未来，使莉迪亚为之倾倒。

星星之火蔓延，席卷了莉迪亚整个心头。

内斯在满足他自己的期待，内斯因此而闪耀。

莉迪亚明白自己该怎么做了。

“你走了也没关系的，我会没事的。”因为莉迪亚也会学着满足自己的期待。

“你要在哈佛度过美好的时光。”莉迪亚会这样告诉内斯。

五、 姐姐和妹妹——项链与松绑

姐姐莉迪亚对妹妹汉娜告白:“如果你不愿意笑， 就别笑。”

项链， 是莉迪亚和妹妹汉娜交集的关键词。

那条银质的， 挂有爱心吊坠的项链是莉迪亚收到的第一个她喜欢的礼物， 属于十六岁少女的礼物。 却不料其中暗藏了父亲对她“合群” 的殷切期盼， 更不想背后还有父亲和情人的意惹情牵。 于是这条项链落灰了， 被汉娜偷走了。

姐妹俩因此产生冲突。 只见莉迪亚用力地拧过链子， 不管汉娜已经喊不出声， 不顾汉娜脖颈处被勒出的红痕。

但比起愤怒， 用焦虑形容莉迪亚的状态可能更加合适。 毕竟， 这条项链象征着他人的期待， 背负着家人的背叛。 戴着它， 宛如被上了镣铐。

莉迪亚用力， 莉迪亚愈加用力——“啪” 的一声， 项链断了。

汉娜终于得以呼吸， 有形的束缚松了。

莉迪亚终于得以呼吸， 无形的囚系开了。

“大众都在带， 当下流行的” 银质链子、“以女性的角度来看， 少女会喜欢的” 心形挂坠——莉迪亚和汉娜， 无人理应背负这条项链的重量。 离开它， 才能自由地呼吸。

这是莉迪亚的觉醒， 她要开始挣脱了， 同时她希望汉娜不要背上枷锁。

“如果你不愿意笑， 就别笑。 要记住。” 与《如何赢得朋友和影响他人》 背道而驰。

“是的， 姐姐。” 汉娜懵懂地睁大眼睛。

六、“我” 和自己——叛逃与新生

“我”，莉迪亚，对自己告白：“我将重新开始。”

“是的”“是的”“是的”……机械性地满足他们的要求，这根本不是自己的期待。

莉迪亚踩着月光，打开门窗，登上小舟，驶向对岸的码头。

这旅程就宛如太空漂浮，毫无羁绊，充满着自由与雀跃；抬头是月朗星稀，低头是风平浪静，一切皆有可能。

“是的”“是的”“是的”，这才是自己的选择。莉迪亚要去找内斯，要看看哈佛，要问问别人，要告诉内斯他会有精彩的生活。莉迪亚是在满足自己的期待——对未知的探寻，对新生的向往。

对岸的码头就要到了，莉迪亚相信自己能触到。

莉迪亚走进了水里。

莉迪亚消失在湖底。

“我将重新开始。”重新来过，做满足自己期待的人。

“是的，莉迪亚。”即使是在另一个世界。

《无声告白》期待着这样的结局。

“我”摆脱不同的声音，将自己的期待绘成最美的告白。

“我”借由不同的身份，向他们倾诉属于“我”本质的告白。

是的，向父亲，向母亲，向少年，向哥哥，向妹妹，向“我”。

凭义无反顾，借一腔孤勇，无声地释放——

“我们终此一生，就是要摆脱他人的期待，找到真正的自我。”

“我”承担不同的身份，倾听他们对“我”实质归一的告白。

是的，向女儿，向宝贝，向少女，向妹妹，向姐姐，向自己。

在湖底，在天边，“我”听见无声的回应——

“你理应，也必将摆脱我们的期待，找到真正的自我。”

“我自己，也是。”

无声告白。

Everything I never told you.

无声告白。

Everything I am going to tell you.

诚于中，形于外

——读冯唐《在宇宙间不易被风吹散的》有感

文/李梦菲

第一次看到冯唐，脑海中只有“冯唐易老，李广难封”这句话，总觉透露着一种失意，后来看到他谈起自己，喜欢写作，却永远被排除在主流作家之外，更多了几分落寞和孤寂。在了解冯唐前，我只知道那句“春水初生，春林初盛，春风十里不如你”，了解后发现，他做过医生，读过工商管理，曾就职麦肯锡，更是一位古器物爱好者。

冯唐写的书，总是跟大多数书不一样，他的书总带着股横冲直撞的“流氓”气息，不加掩饰，简单地就如一二三一般，透着股敞亮劲儿。《在宇宙间不易被风吹散的》不同于他其他的小说，充斥着男性荷尔蒙和张扬的个性，也不像他的诗歌，流露着浪漫情怀和细腻的温柔，大抵是人到中年，少年放荡的心性慢慢化为成熟，懂得生活不是儿女情长，不是快意江湖，是一粥一饭，是柴米油盐。

前年，他的一篇《如何避免成为一个油腻的中年猥琐男》刷爆网络，引起了很多人的共鸣。我们活着活着就老了，而保留少年感，不在浮华喧嚣中迷失却很难做到，有的是因为面子，有些则是个人习惯，无法臧否，但我们还是不可否认，他所说的“敬爱女生，过好余生”。

他的《搜神记》里也不再是风花雪月，转而是对生命的探寻，虚实相生，将人与器物连接，用人性和神性对抗这个物质化的世界。《在宇宙间不易被风吹散的》则通过慢节奏，走入器物之灵，寻觅内心的强大力量。心随笔动，这大抵是我在读这本书时，只看到他笔下的眼耳舌鼻身，盏壶茶炉酒，声色欲意名，他的缱绻柔情，他的江湖豪情，他的风情万种，他的禅意俚语，他的通达豁然的原因吧。有着笃定的核，在宇宙间永不被风吹散。

“人是需要有点精神的/有点通灵的精神/否则很容易出溜成行尸走肉/任由人性中暗黑的一面驱使自己禽兽一样的肉身/在世间做一些腐朽不堪的事情”。在五千年来的文明发展史下，不仅仅只是物质的发展，精神发展犹如一条潜海蛟龙亦暗流翻涌，驰骋于人类的血液中，不灭不息。然而，在经济快速发展的今天，我们不再是弄琴长啸，见山乐水，风雅依旧，而是霓虹灯下的疯狂扭动，酒精麻痹下的徘徊迷茫，觥筹交错间的浮躁炫耀，他们或目光呆滞、眼神空洞，或汲汲营营、急躁不安，或虚与委蛇、长袖善舞……曾经的风骨荡然无存，人生不过就是干涸的枯井、一望无际的沙漠。

现今世风之下，我们不得不面对这样一个问题“在泥沙俱下，众生喧哗下，怎样对生活保持热爱和憧憬？”王小波说，一个人只拥有此生此世是不够的，他还应该拥有诗意的世界。有人起高楼，有人住阴沟，很多事情难以苟同，大智不群，大善无帮，要淡定地做少数人，而不是狂热的大多数。不必随波逐流，行色匆匆地去向远方，不必拘泥格式，成为别人，你只需要跟从你的心，做你想做的，成为你想成为的，并永远热爱，永远做自己。

弘一法师圆寂前就留下偈语“执象而求，咫尺千里”，点茶，插画，焚香，挂画，复杂的生活，简单的生存，将自己不断的抽离于尘世喧嚣，审视自我，星光璀璨，蛙鸣阵阵，有风自来。床边的一本书，佩戴的一块玉，泡起的一壶茶，都让诗意漫步其中，简简单单的生活多了份美感，春有百花秋有月，夏有凉风冬有雪，似乎连每个季节都有着自己的韵味，弥漫着生活美感，支撑起平淡的日子，达到一种独特的忧乐圆融的生活状态。

东方美学，常常是朦胧之美，相较于西方的写实主义风格，它往往更注重风骨意象，无法用具体的方式描述表达。无论李白的“云想衣裳花想容，春风拂槛露华浓”，或是白居易的“芙蓉如面柳如眉”都是无法描摹的美人的惊鸿一面。文字的乏力在东方美学下可见一斑，只可意会不可言传。东方美学，从来不是乌托邦，不是在你我想象中的“应该的生活”，是在每个人骨子里的，拥有着的，却一直忽略的部分。我看到冯唐在旧书店淘书，在父亲的茉莉花茶下解乏，在跑步中保持健康，有生活，有态度，有雅有俗，充满了生命的朝气与美好。

冯唐在这本书中描绘出所期盼的小小世界“在树下支张桌子，摆简单的酒菜，开顺口的酒，看繁花在风里，在暮色里，在月光里动，也值了”。我也期盼着这样简单的生活，就像顾城“草在结它的种子，风在摇它的叶子”那样美好的生活。一屋两人，三餐四季，静听蝉鸣，静坐观雨，在每一个清晨，都有一朵花告诉我它的名字，诗意栖居。在看这本书前，我从未关注过周边的器物，如同它本应如此，它只在我需要的时候出现，我也从未曾关注过小小的东西对我生活的改变，从而罔顾了它们存在的价值与意义。重新认识它们，抽丝剥茧般地发现它们早已不可或缺，一茶一盏，一书一表，滴滴点点都饱含记忆，陪我走过往昔岁月，无言的见证成长，将喜怒哀乐都托付在时光的洪流中，载着它们，默默守护，本一不二。

我一直很喜欢西南联大的故事，记得《无问西东》中有一幕，云南多雨，在破旧漏雨的茅草屋中，老师在瓢泼大雨中上课，哗啦啦的雨声干扰了老师的声音，于是老师索性在黑板上写下“静坐听雨”四个大字，这让人心中一震。这种情怀和浪漫，这种豁达和心态，令人神往。在乡野间，在山洞中，在战火里，这些大师以脚丈量世界，刚毅坚卓，艰难困苦玉汝于成，此间风骨，实难再寻。《人间哲思录》中写道“人们往往把朴素误认作浅显，又把华丽误认作丰富。”回观现在的我们，相同的情景下早已没有了那份赏月听雨、观花静坐的禅意，在快节奏的生活下，我们不再关注自然界的枯荣兴衰，丧失了内心的平和宁静。

和自己相处，和世界共处，冯唐用他喝过的酒，读过的书，品过的茶，走过的路告诉我们：你我不是佛，做个有趣的人，发现周边的美，“每一餐，每一天都不要轻易给无聊的人或事”，与其互为人间，不如各成宇宙。

天将长夜，临朽欲明

——读《基督山伯爵》有感

文/鲍熹妍

在死亡堡垒中的演出

“他关进紫杉堡时是十九岁，出来时是三十三岁。”

深渊里，没有光。死亡堡垒里，没有希望。那个水手终日待在黑沉沉的囚牢之中，却不知自己有何过错。摸不清的日日夜夜，时间在这里沉默，就像未知的真相，未知的命运都坠入未知的风暴。我不知道摧毁一个人的意志需要多久，就如我不知道一个人能坚持多久。时乖运蹇的人，该怎样得到生命的救赎。有时是希望，是卑微的乞求，是不谙世事的天真；有时是疯狂，是血红的双眸，是穷途末路的绝望。

这里是黑牢，关押着一个叫唐泰斯的人。

堡垒会被加固，热血也会被浇凉。为什么？为什么所有人都不相信我？为什么所有的罪与罚都由我来承担？唐泰斯的幸福因一封信戛然而止，在他即将由水手升任船长，拥有一份体面的工作，迎娶他至死不渝的爱人时，一封伪造的告密信将他推入冰冷的深渊。至此的十四年里，他再无听到他魂牵梦绕的浪涛声，再无见到他刻骨铭心的爱人。他拥有的是浩渺无边的死寂，希望像一个摇摇欲坠的气球，在时间的作用下一点点干瘪。而无声的，令人压抑的打击，像细细密密的针头，扎疼了希望的气球。没有了希望的支撑，就是要将这个优秀的水手溺亡。崩溃往往只有一秒，而在此前精神上的临终状态，却是一种令人眩晕的慰藉，它展示着张开血盆大口的深渊，像一只穷凶极恶的饿兽，吞噬热血和希望，而深渊之底，便是虚空。

就这样结束吧，就这样在这个暗无天日的无期徒牢中，茕茕孑立地死去吧！但一想到这种卑污的死，唐泰斯后退了，希望和绝望在他的脑海里剧烈地碰撞，最终他从绝望过渡到热烈渴望生与自由。

命运会眷顾不服输的人。黑牢 34 号意外遇见了黑牢 27 号，被判为拿破仑党人的狂热分子遇见了被判为疯子的法里亚神父，死亡堡垒的演出正式上演。

就在这个阴森森的囚牢中，连接两个囚笼的地道竟成了唐泰斯连接世界的纽带。知识和见识，是认识世界和丈量世界的最好手段，而正如神父所言："当我深入到往昔之中时，我就忘却了现在。我自由而独立地漫游时，就不记得我是个囚徒了。"每个人都应该有自己的精神世界，现实已经足够残酷，足够荒凉，命运发出刺耳的尖叫，将你的头颅屈辱地按在地上，而永远立于不败之地的，是你柔软而坚韧的精神世界。在这里，你就是自己的王。

这场充斥着黑暗与希望的演出在人们看不见的角落悄然无声地进行，没有看客，没有掌声，只有压力与沉默。你不了解的知识，你不曾踏入的社会阶层，你不曾领悟的人生哲理，都由我来传授给你、介绍给你。年轻人应该拥有饱满的热情和对未知的希望。我已垂垂老矣，但我可以将毕生所学讲给你听。法里亚神父给了唐泰斯第二次生命，在阴冷的囚牢中，传递生的希望。他正是唐泰斯身上最深奥的部分，他是生活在永恒中的诗人。

我想，人在绝境中的爆发力是无限的。也许人在安逸享乐中，反而会一事无成。与其说现实中的我们消费着各种各样的娱乐，不如说是娱乐在疯狂消费我们的精神，娱乐在尖叫，无用的东西在狂笑，而我们，却浑然不觉地享受自己被剥夺的一切。

就像有压力才能使火药爆炸，有困难才会有机遇一样，这种囚禁生活让他们漂浮在这里，将这里的才能都集中起来，并使这些才能在狭窄的空间中不断旋转，不断碰撞。

就像云相触产生电，电生闪，闪生光。

华丽的复仇与救赎

“在我决心要报复的那一天”他说，“却没有将自己的心掏出来。”

生与死是截然不同的对立面，却像白天与黑夜般密不可分。法里亚神父的死，给唐泰斯生的机会。就像是密不透风的麻袋中，突然开了一道细微的口，这新鲜的空气足以让关押许久的人血液沸腾。为此，唐泰斯不惜一切手段，哪怕是被当作法里亚的尸体扔进海域中，哪怕脚上套着沉重的枷锁，也要拼尽全力游离那个噩梦般的囚牢。这一次，大海上航行的帆船，荒凉的岛屿，眷顾了他。

“谁将声震人间，必将长久深自缄默，谁将点燃闪电，必将长久如云漂泊。”尼采如是说。这一次，他的奋进扰乱了孤独，他的幻想照亮了天空，他的许诺打破了宁静——他的心里已种下了其没有的感情：复仇。

无论是神秘莫测的水手辛伯达，是富可敌国的基督山伯爵，或是悲天悯人的神父，还是与神父针锋相对的英国伯爵，他的身份，都让人惊疑不定。世易时移，此时的唐泰斯已不是那个洋溢着热情，笑容温暖的年轻小伙，他是走出坟墓的幽灵，戴上了基督山伯爵的假面具。

这世上遍布着老虎和鳄鱼，而两只脚的比四只脚的更可怕。基督山伯爵将最后的温情给了曾为他的生命不断奔波的人们，然后他在世界这个汹涌澎湃的大洋上驾驭航行的船只，破浪前行。他的加入，使这片大洋的波涛更喧闹，更热烈，更阴晴不定。而在这片更贪婪、更疯狂的巴黎海域上，黑夜繁星闪烁，大海的波涛从不平静，浪花飞溅，直至一个个人的毁灭。

水手辛伯达是这片海域最出色的水手，他仿佛能预测明天航行的天气，他懂得变幻莫测的潮汐，韬光养晦，运筹帷幄。在这场豪赌里，每一个人都面临着翻船，而游戏结束的时间由他来指定。

觥筹交错的宫廷聚会里，富丽堂皇的别墅住宅中，强盗遍地的野外里，巴黎这一场巨大而深远的局，到底布置了多长时间，我不得而知。坏人在逝去，也有人在新生。费尔南吞枪自杀，维勒福家破人亡……同时正是基督山伯爵的到来，让那些长期温柔善良但时运乖蹇的人，遇上始料不及的好运。

基督山伯爵用着最为讲究的贵族方式，优雅地打造了一袭华美的、用复仇与温情编织的华袍，铺满了人生的必经之路。然而，在这场宏大的布局中，他也曾为自己失去的幸福郁郁寡欢，为别人的幸福尽心尽力，他在误致了小爱德华的死后，放了他曾经恨之入骨的唐格拉尔一条生路。

复仇可以是唐泰斯活着的动力，生存的武器，但不该是他生命的全部，而正是一路以来身边人的温情，他并未被仇恨蒙蔽了双眼。他在这条路上宽恕了别人，同时也救赎了自己。

从前，对唐泰斯来说，这条路很长。

如今，基督山伯爵却感到它很短，每一桨，都随着浪花激起千千万万个想法和往事。

抵岸了。

等待和希望

“隔着一层纱去看东西，这是衰老的头脑的本质；心灵有自己的视野；你的心灵是阴暗的，给你显示的也是一片风雨欲来的天空。”

当有人在你的眼前蒙上一层乌云，你的世界也是灰暗的。黑云压城城欲摧。十四年的牢狱之灾，所爱之人的相继离开，都让孤军奋战的人再次感到被世界抛弃，疼痛入骨而不知。被人挑起的精神创伤是可以被掩盖的，但伤口永远不会痊愈，只会永远痛苦，只要稍一触碰，就会张着血淋淋的口，落着满地的泪。

唐泰斯本来善良、热忱、漫不经心，会至死不渝地爱上一个人，而后却变得爱报复、沉默、凶狠，更确切地说是像又聋又哑的命运一样冷酷无情。他所遭受的苦难和磨炼，让他的身体遭受了难以忍受的训练，让心灵习惯了最冷酷的打击，他让手臂练习杀人，让眼睛看遍折磨，让嘴角面对惨状也能扬起弧度。但是，本性善良的他，最终并未变成一个铁石心肠的人。他是一个真正的男子汉，因为他始终充满希望。

也许你和唐泰斯一样，来自痛苦的星球，来自荒凉的深渊，但还是请你怀抱着最初的柔情，因为就像基督山伯爵所说：“这个世界上无所谓幸福，也无所谓不幸，有的只是一种境况和另一种境况的比较，如此而已。只有体验过极度不幸的人，才能品尝到极度的幸福。只有下过死的决心的人，才会知道活着有多好。”

而对付一切罪恶，只有两种药物——时间和沉默。时间会治愈一切，沉默会掩埋岁月。

我亦飘零已久，唯有等待，唯有希望。

求得云开见月明

——读《我战胜了抑郁症》有感

文/张晨曦

最初看到这本书，是在舍友的书架上。作为一名抑郁症患者，我清楚地记着那被阴霾笼罩时的迷茫和无助，当我不经意间瞥见《我战胜了抑郁症》这本书时，我确实是在一种浑浑噩噩的状态下一瞬间清醒了过来。战胜抑郁症？这是我未曾想过的事情——不错，在抑郁缠绕着我的时光中，我的所思所想不过是“我怎么又这样了？”“这日子什么时候才能过去呢？”在面对抑郁症时，我从未曾想过直面和战胜它，我的所思所想，只是妥协。若用“守得云开见月明”来比喻我看到此书之前面对抑郁症的态度，那么读完此书之后，我的心境便转到了“求得云开见月明”。

《我战胜了抑郁症》一书分为两个部分：第一部分是对八位成功战胜抑郁症的名人的详细访谈语录，第二部分则是作者自己战胜抑郁症的经验分享和基于调查统计而总结的方法介绍。从专业性来讲，此书并不算专业的心理学书籍，而更倾向于一种“病友分享会”：通过对真正成功战胜抑郁症的患者们的采访和沟通，以及作者自己的治疗历程来启发读者。事实上，相较于枯燥的病理解释和治疗体系分析而言，我更需要的是该书中以一种追忆过往时光的方式来展开对抑郁症治愈的各种方式方法的介绍，给予我足够的启发和信心面对这个陌生的疾病。毫不夸张地说，《我战胜了抑郁症》或许将成为我抵抗抑郁症历程中里程碑式的一部作品，甚至将助我成功战胜抑郁症，成为我人生的重要转折点。

一、通过彻底改变生活来治愈抑郁，太不现实

从英国前首相的首席顾问，到曾经美国排名第一的网球选手，再到谷歌公共政策主管，抑郁症的覆盖范围远比我想象中的要大很多。阅读该书，我的第一个深刻感悟便是：抑郁或许产生于生活的不如意，但抑郁症并非由生活状况百分百决定。一直以来，我都错误地认为只有我这样平凡又普通的个体，才会被生活中的点滴小事影响。我误认为平庸的我因为生活圈太小，所以一丁点的不快乐都将成为时光的吞噬者，因而错误地放弃了抵抗抑郁症，只剩下郁达夫的凌乱断续的思想：终究是没能找到一个好方法，救我于目下的穷状来。然而如今我才终于意识到：面对抑郁，我不用费心思索如何彻底改变自己贫乏的精神世界和现实生活，我需要做的是在这样的迷离日子中找到归属感，找到容纳我心灵和情绪，给予我生活的勇气的方法。谁没有落寞的时候呢？我告诉自己，平平凡凡的生活或许会产生堕于平庸的危险，但眼下当务之急并非改变自己的平凡人生，而是在自己的平凡时光中找到快乐，找到一种对平淡的享受。诚然，身为意气风发的年轻人，享受平淡实在是不该，但对如今深受抑郁症困扰的我来说，暂时对平凡生活的接纳才是维持我生存的当务之急。名人生活优越尚且会有抑郁的可能，何况是平庸的我，企图彻底改变生活然后再克服抑郁，的确是我在方法论上出现了错误。

二、 尝试新事物， 遇见新世界， 塑造新的自己

“你必须摒弃那些自然而然涌现的想法和已经习惯的思维模式”“改变你大脑内化学物质的最好办法， 就是去做一些你过去没有做过的事情。这并不容易， 因为这个过程你会面临很多新问题。” 回顾过去， 我的确是深陷于生活的重复和习惯于守旧的泥沼中： 在抑郁病症发作时， 我总是消极地等待， 习惯于不作为地等待病症自己缓解。 我习惯长期吃同一家餐馆的同一道菜， 习惯在散心时只去同一个地方， 甚至习惯逃避各种压力和困难……这一堆习惯最终导致了我陷入抑郁的恶性循环： 生活使我抑郁， 抑郁又使我如此生存。 看完此书后， 我不得不承认， 我情绪上的病症与我生活的细枝末节都息息相关， 这些生活的琐碎正是我抑郁的培养皿， 我要做的并非彻底改变外部的生存环境， 而是要逐渐去尝试新的事物， 尝试新的习惯， 塑造一个新的自己， 从而改变自己的内部状态。

我也曾思索为何自己习惯于守旧， 习惯于排斥新事物？ 从经济学的角度来说， 或许是因为选择新的事物是有风险和成本的， 而这些风险和成本对我来说是不值得去承担的。 的确， 倘若我去一家从未去过的餐馆， 吃一道从未品尝过的菜肴， 我或许会发现这新的事物比不上旧事物带来的满足感。 但现在我意识到， 不论我是惰于改变， 还是怯于尝试， 都应该开始努力改变自己， 因为改变或许不能迅速成功， 但不改变， 我便完全没有机会战胜抑郁症了。

三、 重塑生活的模型： 活力， 成就与亲密

对大多数人来讲， 生活就是一种顺其自然和顺理成章的存在。 但对

抑郁的我来说，正常的生活节奏已经被压抑裹挟着的情绪所打乱，以至于在较长时间内我失去了平衡生活的能力。而每当我试图追寻正常的生活时，我都会发现要面对的事情太多太多，以至于我完全在生活的复杂面前乱了阵脚。正如当你有几十科作业需要完成时，你已经迷失在先做哪一科的思索中，而我也伴随着抑郁迷失在了我需要先从什么方面来改善自己的生活状态的选择中。是先跑步锻炼身体？还是先读几本书？还是加入一个体育类社团抑或是先寻找一位知心朋友……不得不说，生活看似平淡真实，但当我真正想要塑造它时，它便像空中花园一般遥远和虚幻。

幸运的是，作者在此书的结尾部分塑造了一个积极生活的模型：活力、成就与亲密。通俗点来讲，就是将生活分为了身体健康有活力、工作学习有进步、感情生活有发展三个大部分。毫不夸张地说，这简简单单的分类让我醍醐灌顶，我彻底摆脱了到底先从哪部分开始改变的泥潭，我也认识到生活的本质原来就那么回事！作者亦进一步细化了各部分应怎么完善和发展，但对我来说，当我掌握到这样的分类后，接下来我该怎样努力便不是什么难事了。当我看到这样简洁明了的分类时，我无疑是狂喜的，因为在此之前我抵抗抑郁症的道路是扭曲的——我知道自己得做出一些改变，但又无从下手。恰恰是在此书的最后几页，作者格雷姆·考恩又一次用自己的真诚给予了我一个绝妙方法论的指导，这是一个大惊喜。

四、读完《我战胜了抑郁症》后其他的零碎思想

一直以来，我都是一个热衷于思索的人，这样的特征或许让我拥有了不断探索世界的动力和无穷的想象力，可同时也使我难以静下心来完

整地阅读一本书。 因为我总会在读的过程中联想到其他事情， 这就打断了我与书籍作者建立的沟通桥梁。《我战胜了抑郁症》 是我大学以来完整读完的第二本书， 因而我无比惭愧于一个接受高等教育的大学生直至大二才开始有意培养读书习惯。 但在读此书时我感受到了前所未有的满足感， 因为我真切地感受到了书籍与我搭建起了一道桥梁， 源源不断地给予我新的认知和生活的动力， 亦给予我战胜抑郁症的勇气。 对读书笔记的整理更是让我成功整理好了自己杂乱无章的感悟和思想， 这不得不说是我阅读生涯的一大进步。

我并不想将《我战胜了抑郁症》 完全当作一本工具书来看， 当我决定阅读此书时便是如此。 诚然， 此书没有张爱玲笔下的情节跌宕， 也没有郁达夫笔下的淡然哀伤， 作为一本翻译书， 它的文字甚至都谈不上优美。 但我很排斥将这样的书籍单纯地当作一个工具， 我排斥带着纯功利性的目的去阅读任何一本书。 因为在我的认知中， 阅读书籍就是一场与作者的交流， 它对我的影响和启发， 应当是在顺其自然的情况下发生， 它的情感或是方法论， 都应以一种读者倾听并反思的方式传递， 而《我战胜了抑郁症》 就做到了这一点。 这些凌乱的思想或许与书籍本身的内容无关， 却紧紧地联系着我阅读习惯的养成。 将它们记录在此书的读书笔记中， 对我来讲是很有意义的。

抑郁症或许可怕， 但更可怕的是不作为地忍耐。 读完此书， 我不会再像从前一般“守着云开” 而是将致力于“求得云开见月明”。 今后的日子有此书相伴， 愿从此拨云见日！

花苞中绽放的罪恶

——读《告白》所感

文/侯林铠

近来听闻一些事情，感受到一种浓重的悲哀和不安。老实说，我不相信人性本善这一说法，自从网络发达之后，我所得知的校园暴力、青少年弑母杀父抑或是奸杀、打骂、歧视无辜的人的事件绝不在少数。那么，人性是本恶的吗？我也说不准，我不能否定爱的存在，更不能否定这世界上的美好。

因此我不时诘问自己，对于那些从令人触目惊心的花苞中绽放出的罪恶，究竟是幼稚的少年释放了人性的恶，还是外在的因素在引导他们呢？

碰巧读到《告白》这本书，与诸君分享一点我的小小感想。

一、被抛弃的信奉者

因为我不断地被这个世界抛弃，所以我质疑生命的意义。

因为我想让我的母亲给我一点可怜的注意力，所以我选择杀人。

——去掉渡边修哉的遗书中自我欺骗的语言，这就是他想说的话，一段对自己犯罪动机的表白，一段对母亲的控诉。

母亲因为结婚生子不得不中断自己的研究梦想，于是便把自己的梦想放在修哉身上，让他从小学习物理知识。母亲一想起自己放弃的梦想就打骂虐待修哉，过后又哭着拥抱他。修哉无法恨自己的母亲，在他的眼里，母亲是这个世界上最厉害的人，是他人生的标准和一切。然而，当修哉的父亲发现母亲的虐待行为并坚决离婚后，母亲离开了修哉，只留下无聊时消遣的游戏机和觉得对修哉有用的书。

“幸福就像虚无缥缈的肥皂泡泡。”父亲再婚生子，将修哉排除在家庭之外。老师对于他发明创造的恐惧和抗拒，母亲的再婚生子，这些大大小小的事情，对于他而言就是一个个破灭掉的肥皂泡。

“我觉得自己好像也慢慢变笨了，但当笨蛋意外地很轻松愉快，愉快到我觉得就这样成为笨蛋家庭的一员也不错……这个时候我以为我已经完全成为笨蛋家庭的一员，但是只有我一个人这么想。”尽管他一再强调周围的人都是他看不上的笨蛋，只有母亲是有价值存活的人，但也不难从他的言语间隙看出，他渴望被爱，渴望被接纳，渴望被认可。

生小孩到底意味着什么？或者说，小孩对父母而言究竟是什么？

在我周围的一些人开始面临结婚生子之后，我反复思考这个问题。我看了很多人，自己都没活明白，便匆匆忙忙生小孩，还希望小孩活出个样子。生孩子，难道是为了你自己人生的延续吗？你可以把自己的梦想和人生标准强加于他吗？还是说就是为了传宗接代？那么他活着的意义就是继续传宗接代吗？抑或者只是到了年龄和时机，你随大流生了个孩子？那么你胆敢承认你的一生就是随波逐流不负责任的一生吗？

不，绝对不是这样。他不是你人生的延续者，也不该是你信仰的信奉者，更不是你庸碌的牺牲者。他首先是一个人，其次才是他的身份——某人的孩子，某学校的学生或一个歌手，一个画家或什么其他的。

当孩子把父母视为偶像，而父母把孩子视为实现自己愿望的工具时，畸形的关系也就此产生了。

当一个生命受到尊重时，他才可能学会尊重自己和其他的生命。

二、 迷茫的求道者

如果说渡边修哉是因为母亲的抛弃虐待，和自己不肯认可除了母亲之外的任何人的抗拒而造成了这种对生命的漠视，以及希望通过犯罪引起母亲的关注和怜爱而策划了谋杀老师的女儿这件事，那么下村直树，这个没有杀意却杀了人的少年，从某种意义上才是我们当代许多孩子的缩影。

与渡边不同，下村有一个非常爱他的母亲，他从小被母亲称赞到大，相信自己头脑聪明、运动万能。然而上了中学，他走出母亲给他营造的温室后，才发现自己并不是一个那么优秀的人。落后的成绩、跟不上的体能，以及随之而来的老师的批评和同学的远离，让这个顺风顺水、被保护得很好的孩子感到挫败和迷茫。

“因为没什么可被夸奖的，所以只能用‘善良’这种辞来蒙混。这样的话，不要夸奖还比较好。我不喜欢垫底，但也没因为当不成第一而不爽啊。”母亲不断地夸他善良，于他而言却是一种嘲讽，而母亲不断给学校写信抱怨自己的儿子不够受关注，让下村感到自己的平庸给母亲带来了失望。因而渡边的一句认可的谎话，就让一无所知的下村视渡边为挚友，为渡边出谋划策教训老师的女儿。然而当小女孩被渡边用自己制作的钱包电晕之后，下村才发现渡边制作的不是恶作剧，而是杀人的计划。

“啊，对了，你不用介意是我的共犯，因为我打从一开始就没当你是伙伴。分明一无是处，只有自尊高人一等，我最讨厌这种人了。像我这种发明家看来，你就是个失败作品。”渡边的嘲讽直击下村的心灵——失败品，这正是下村对自我的怀疑。于是陷入癫狂的下村在看见小女孩醒来之后依旧把她抛进了水池，自己完成了渡边做失败的事情。他成功杀了这个女孩，警察甚至认为这是一场失足落水的意外。他因此感到骄傲和自豪，甚至觉得功课也没那么难了。

然而老师的报复行为，让他误以为自己染上了艾滋病快要死掉，他惧怕回到教室面对大家对于他是凶手的指责，于是躲在家里日益崩溃。母亲在开始坚持认为下村不过是个被坏朋友带歪了的受害者，觉得自己的儿子简直可怜。但在下村向母亲坦白一切之后，母亲认为自己的教育很失败，打算杀害下村后再自杀，却被精神错乱的下村反杀。

这场弑母的悲剧，恰恰是他的母亲造成的。总是有很多父母把自己的孩子视为掌上明珠，捧在手上怕摔了，含在嘴里怕化了，不让孩子受一点委屈。但是人生怎可能一帆风顺？当温室的花朵必须走出来面对狂风暴雨时，只有凭借自身的意志努力成长这一条路，然而现实往往是这些花朵在灾难中被摧毁。他们急于证明自己，却受不了一点打击和挫折；他们想快速地适应这个社会，却无法为自己做的事情负责。当然，下村父亲在教育中的缺席也是这场悲剧的催化剂。

下村是一个迷茫的求道者，他也曾拼命想找寻自己的立足之路，也曾接受自己的平庸，然而最后终究以悲剧收尾。

这究竟是爱的悲哀还是教育的失败？

三、 踽行的神职者

比起满怀宽容和正能量的樱宫老师，森口老师让我更为触动。甚至，我认为森口老师才是真正的“神职者”，因为她更能洞悉现实和人生的真相。

“世上没有完美的人。老师要对着学生热切说教，是不是有点离谱过头了呢？把自己的人生观强行灌输给学生，只是自我满足而已。说穿了不就是以高高在上的姿态小看孩子们吗？我休假一年结束，要来S中学的时候就给自己定下了规矩。不直呼学生的名字。尽量以平等的态度、礼貌的言辞应对。就这两项。的确有人注意到了。”森口老师毫不掩饰自己对于和同学打成一片的抗拒，所谓的热血教师究竟是在满足自己成功做了“神职者”的欲望还是真的想和学生做朋友呢？不直呼学生的名字——这是老师和同学两种身份之间必需的距离；尽量以平等、礼貌的言辞应对——这是人与人之间的尊重。当下，一些老师往往搞错事情的方向，和学生随意开玩笑似乎是好朋友，然而在教育学生时又高高在上灌输自己的观念。老师不应该是顺从着学生、迁就着学生，而又自以为是地教育学生。而掌握了距离和尊重，森口老师就是“神职者”，她可以真正救赎迷途的学生，但是大部分学生认为她没有尽到一个好老师的职责。

森口老师进一步抨击了现在媒体对于青少年犯罪的不当宣传。“虽然只能从残忍的事件内容推测少女心中的黑暗，但只抓着这点大做文章，真正重要的真相完全不明，就渐渐被人淡忘了。新闻可以这样做吗？本案的报道只在某些孩子心中的黑暗面烙下了名为‘露娜希’这个丝毫没有人味的变态犯罪者的存在，煽动可悲的孩子们崇拜愚蠢的罪犯而已。”森口老师的话字字珠玑，我们应当思考，为何现在的孩子甚至于整个社会都正在丧失应有的感情，又为何我们始终找不到一条正确的道路去救治。

诚然，森口老师选择了一条不恰当的复仇之路，但是她从始至终都是一个清醒且理智的人，认真地活着，认真地往前走。

除了以上这些人，书中还描写了殉教者、慈爱者、传道者，这些人同样在青少年犯罪的过程中扮演了重要的角色。

正如森口老师在文中的告白：“小孩是纯真的，这不知道是哪个时代的神话……保护这些犯罪少年不被杀死的正是少年法。”

经历了校园暴力的北原美月，问道：“小直和修哉是杀人犯的话，那这些人又是什么呢？”

这种保护未成年的法律是否真的是错误的，尚有待考证和研究，但不可否认的是，它确实给了那些犯错少年一个重生之路。但是那些少年是否真心悔过，又是否可以保证从此遵守法律和坚守道德，我们无从得知。他们的故事引起众人争论的喧嚣，然而等一切尘埃落定，这些又将被人遗忘，等待下一次类似案件发生时再重新见于光日，而又有几个人会认真反思自己在其中的角色呢？有人为他们开脱，将责任归于社会、家长甚至老师；有人因他们恐惧，认为他们的基因里书写了犯罪的必然。

但我相信，即使饱受生活的苦难，也有人坚守自己心中的光芒努力前行；即使基因里书写了罪恶，也有人活成了自己想要的样子。不论是稚嫩的少年释放了人性的恶，抑或是外在的因素引导他们走上了一条歧路，从某种意义上，这都取决于他们自己的选择。

这个世界可以给你设下条条框框的拘束，给你铺上坑坑洼洼的路，甚至推你入深渊，那你的选择是什么呢？是以此为理由尽情堕落，还是狠狠地把生命握在自己的手里？

无论如何，这从花苞中绽放的罪恶，理应引起所有人的重视，因为所有的少年，恰恰是整个世界的未来。

经济篇

后起之秀，方兴未艾：民营经济的中国之路

——读《变革中国：市场经济的中国之路》有感

文/王　玉

作为一名财经类院校的学生，诺贝尔经济学奖得主罗纳德·哈里·科斯的名字早已如雷贯耳，只是从前都是在经济学课本中学习他的理论，这是第一次认真拜读他关于中国改革的著作，也是第一次这么认真地看完一本如此专业而深刻的经济学书籍。科斯先生用“讲故事”的方式将市场经济在中国的变革历程娓娓道来，并梳理出一条逻辑严密的历史线路，结构清晰、条理分明，从现象到本质，从个别到一般，以新颖的角度解读中国几十年变革背后隐含的道理，读来使人收获颇丰。

不久前，一篇建议民营经济离场的新媒体文章引发热议，文章认为:“中国私营经济已完成协助公有经济发展的任务，应逐渐离场。”网民们纷纷热议，民营经济真的会离场吗？读了科斯先生的这本书，我对这一问题有了更清晰的认识。

在40多年的摸索前行中，市场经济的中国之路又何尝不是民营经济的成长之路、未来之路。从毛泽东时代到改革开放，从社会主义市场经济改革到中国特色社会主义市场经济，历史的经验告诉我们，民营经济不会离场，也不能离场。民营经济作为中国改革开放以来的后起之秀，

正蓬勃发展、方兴未艾，因此无论是现实的需要还是国家的决策都会毫不动摇地鼓励、支持、引导民营经济健康发展。

一、思想解放

曾几何时，人们对马克思主义的僵化理解，使得他们将市场经济与资本主义紧紧联系在一起，对非公有制经济避犹不及。20 世纪 50 年代的社会主义改造虽取得不小成就，但其还是因为思想解放问题难以摆脱苏联模式的束缚；随即爆发的“文化大革命”使得中国经济几近瘫痪；而之后改革开放、家庭联产承包责任制、经济特区的建立等一系列改革措施也受到重重阻力。

但是正如张五常预测的那样，中国的发展必然离不开市场经济，社会主义市场经济的趋势已经无法阻挡。站在时代的风口浪尖，以邓小平同志为核心的党的第二代中央领导集体呕心沥血，试图构建起无数革命者为之奋斗的社会主义蓝图，他们努力调和固有思想观念与改革开放之间的种种矛盾。凤阳小岗村试点、“傻子瓜子”发展壮大、蛇口经济特区建立、国有企业员工纷纷“下海”……市场经济改革措施从边缘革命一步步上升到制度层面，草根阶层用改革成果逐渐打破了人们固有的思想束缚。邓小平于 1992 年南方谈话时就“姓资姓社”的问题做出了解答，即计划与市场只是两种经济手段，并不代表社会的性质；同年，中共十四大明确提出了我国建立社会主义市场经济体制的方针。市场经济的发展极大丰富了人民的物质生活，同时也使人们思想观念发生着改变。当今社会，人民的思想观念极大开放，这对民营经济发展的束缚大大减少，民营经济迎来了发展的黄金时期，在国民经济中占据着不可或缺的地位。

二、 价格机制

我们根据资源配置方式的不同来划分计划经济与市场经济。 自中华人民共和国成立以来， 我国长期处于计划经济体制之中， 政府在经济中起主导作用， 如配置资源、 制定价格等。 然而， 商品市场的信息不对称问题使得政府定价的效率低下， 无法顺应经济的发展， 价格双轨制便应运而生。 到了 20 世纪 80 年代前后， 价格双轨制的弊端显露无遗， 多次国有经济的改革都是“戴着价格双轨制的镣铐起舞”， 条条块块、 程序冗杂， 成效甚微。 1988 年， 国内爆发通货膨胀， 人民生活受到非常大的影响。 当时的社会现状强烈要求必须由市场决定价格来平稳经济发展， 党和国家随即采取一系列措施。 90 年代末， 生机勃勃的市场经济体制开始在中国运转， 中国改革开放迎来了新的局面。 因此， 价格机制的健康平稳运行离不开市场经济， 离不开民营经济。 难以想象， 一旦民营经济离场， 整个市场乃至整个国家将会陷入怎样的混乱之中。

三、 对外开放

中国在闭关锁国的桎梏中蜷曲了太久， 对外开放是顺应时代潮流的必然选择， 也是国家发展的必然要求。 自 1978 年改革开放以来， 中国人一步步地走向世界， 引进外资、 对外出口， 企图在国际市场上谋求自己的发展。 但是单一的计划体制是不能满足对外开放的需求的， 通用汽车放弃在我国的投资便是最好的例子。 1980 年沿海经济特区建设， 1984 年 14 个沿海城市开放， 1990 年上海浦东开发区建立， 2001 年中国加入世贸组织， 民营经济无疑在国际资本市场和对外开放进程中发挥了更为积极的作用。对外开放是未来长期坚持的一项基本原则，而民营经济必将在中国走向世界的过程中不断为中国改革开放注入新的活力。

但是，民营经济目前仍存在许多问题，在以后的发展中需要强调“四个必须”：一是必须坚持基本经济制度，充分发挥中小微企业和民营经济在我国经济社会发展中的重要作用。二是必须高度重视中小微企业当前面临的困难，要采取精准有效措施大力支持中小微企业发展。三是必须进一步深化研究在减轻税费负担、解决融资难题、完善环保治理、提高科技创新能力等方面支持中小微企业发展的政策措施。四是必须提高中小微企业和民营经济自身能力，使其能不断适应市场环境变化，努力创新，实现高质量发展。

国家主席习近平明确指出要坚定不移鼓励、支持、引导民营经济发展。现阶段我国国有企业和民营企业已经形成了完整的产业链。国有企业多处于产业链上游，在基础产业和重型制造业等领域发挥作用，而民营企业则越来越多地提供制造业产品特别是最终消费品，两者是高度互补、互相合作、互相支持的关系，未来中国经济将继续沿着这个方向不断提高，走向高质量发展。我们必须从传统固化的观念，转向用全新的现代化产业链理念来认识国有和民营经济。

因此，无论是从国家政策层面还是社会发展层面，我们都必须坚定不移地坚持基本经济制度，促进国有经济与民营经济共同发展，理性看待“国进民退”的声音。一切的制度政策都只是为了这个国家更好的发展，其存在都有一定的现实合理性，而“国进民退”只能是历史的倒退，有害而无利。当今中国，民营经济作为后起之秀，正源源不断地为经济发展注入能量，而民营经济的中国之路也必然会紧随时代潮流，不断促进中国发展。

不科学的科学

——读《金融炼金术》有感

文/吴添楷

自21世纪以来，经济学研究不断地引入自然科学的研究方法，有大量经济建模依靠数学原理、模型构建、数据统计等方法进行，以求得到一种普适性的精确结果。原本的社会科学，如今愈发地向着自然科学靠拢。一部分人已经开始相信，数学是经济学最终的归宿，经济学的自然科学之门即将被完全打开。

但我坚定地认为，作为涉及研究人的决策行为的学科，绝对理性是无法达到的，人的主观意志将对市场产生不可抗拒的影响，如果忽视价值因素，一味地运用纯科学的方法追求真理，必然会出现与事实不一致的结果偏差。

而我的想法，恰恰与《金融炼金术》一书中所阐述的反身性概念有部分趋同，因此在阅读本书时我对书中所阐述的概念的接受度、认可度也较高。接下来，我将结合本书部分内容谈谈我的一些认识。

一、 主流偏向对市场的影响

社会科学研究和自然科学研究的最大区别之一便在于研究对象的稳定性。自然科学能够保证每次预设的实验条件相同，从而确保每次实验的结果相同，然而在对社会科学进行研究的实验中，无论客观环境变量如何一致，参与主体的状态都会存在不同，因此难以得到稳定的实验结果。

恰如索罗斯所言："科学方法基于这样的预设，即成功的实验应该证实被测试假说的有效性；然而当对象涉及思维主体的时候，实验的成功并不能保证被检验的陈述的有效性或真理性。"

对于经济学而言，主流偏向对市场的影响时刻存在着，并且这种偏向随时都有可能发生转变，从而导致市场产生出人意料的结果。我个人认为这正是社会科学的迷人之处，但是对于追求绝对利益的投资者而言，这可不是一个好消息。

曾经听说自然科学家看不起社会科学家，因为自然科学家从事物本身出发，寻找规律，得到的是普遍事实；而社会科学家得到的却是一个难以适用或是模糊不清的结果，难以称之为真正的科学。

思维主体的参与，使社会科学局限于空洞的理论研究之中，其实验结果难以运用于实际生活，但经济学研究难以避免将理论运用于实践并以此牟利的过程，因此对精确运用的需求与社会科学本质之间的矛盾便由此产生并不断扩大。

二、 经济学的自然科学化

正是由于社会科学的研究结果难以被真正运用在现实当中，所以经济学家们为了使自己的理论得到更多投资者的青睐，势必采取一定程度上的自然科学的研究方法，并且这样做的成效也十分显著。一个个模型被建立起来，投资者对这些模型的运用也充满了期待，尤其在这样一个计算机技术迅速发展的时代，模型计算效率相对于人工效率占据绝对优势，建模、量化等依靠计算机技术的金融分支越来越为大众所接受。

索罗斯在本书中也说过:“在任何情况下反身性模型都不能取代基本分析，它的作用仅限于提供基本分析中所欠缺的成分。”这说明基本面的分析还是市场分析的基础所在，经济学的大厦还是需要建立在一定的科学基础之上。

但近年来，社会科学家们正不断地尝试将更多的自然科学的研究方法运用于社会科学的研究之中，并取得了一定的成果。我们可以看到，社会科学的自然科学化正逐渐成为一种大趋势，然而，或许统计学与概率论的运用能够在一定程度上推演人类在宏观上的决策性，但我们依然能看到许多因为“人”而发生的“黑天鹅”事件。意志、预期、偏向……它们不是静止的，而是处于不断变化之中的，这些主观性的词无时无刻不在影响着我们生活的方方面面。

不可否认，社会科学的自然科学化，为社会科学的研究与应用带来了许多便利，但是过度的自然科学化对社会科学的冲击也应该被更加深入的考虑，盲目地追求社会科学领域的科学结果，或许会导致一场未知的危机或革命。至少在一定时期内，传统的经济学研究理论与方式应当保持其生命活力。

三、结语

数学会不会是经济学的最终归宿？我想目前还是难以定论的，但经济学作为社会科学的根本属性是不会发生改变的，而社会科学的基础便在于人与人之间的联系与博弈。因此无论采用何种研究方法，我们都不能忽略人的重要性，我们一旦将作为社会科学核心的“人”绝对地数据化，也就无异于深陷所谓“炼金术”的谎言之中了。

顽石之志可塑世界

——读《任正非传》有感

文/马薰楠

立志用功如种树然，方其根芽，犹未有干；及其有干，尚未有枝；枝而后叶，叶而后花。读了《任正非传》以后，我真正地理解了王守仁先生这句话的深刻含义。

任正非的祖籍在浙江金华任店村，祖父是当地的能人，靠制作正宗的金华火腿赚了不少钱，也算是家境优渥。1931 年，父亲任摩逊考上了北平民大的经济学专业，但那一年日本人开始入侵东北，全国动荡，任摩逊一路颠沛流离来到了贵州的山区。那时人们对那片土地都有一句经典的顺口溜——“天无三日晴，地无三尺平，人无三分银。”任摩逊也是在这里遇见了任正非的母亲——程远昭。1944 年 10 月 25 日，任正非出世了，他心中那颗意志的种子也渐渐开始生长。

任正非的童年和同时代的人无异，他是家里的长子，另外还有 6 个弟弟妹妹，在那时的中国，这样的家庭人口几乎意味着长年的饥饿。在饥饿与寒冷中长大的他于 1963 年考上了大学，这是他人生中的第一处转折。不久之后（1967 年），他的第一次磨炼也来了。那时，他一度想要放弃求学，在家中照顾父母。但在内外兼困的环境中他没有屈服，在父亲的劝告下回到了校园。那时的他将读书视为唯一的出路，纵然那时的校园已然不清净，但是他丝毫不在意。内心即以经过滔天大浪的洗礼，这外界的风吹雨打又算什么?《毛泽东选集》《战争论》是他唯一的心灵港湾。对那时的他来说，意志的根芽已经形成，时代是他最好的给养。

任正非的第二次磨炼来自商界。退伍后，任正非在一家电子公司做经理。原本工作还算体面，但是工作没多久，他负责的公司被一家居心不良的贸易公司骗走了 200 万元。任正非在军队时一直比较顺利，从来没有经历过这样的失误。而这样的重大失误让他在公司灰头土脸，不得不离开。那时他已然没有了收入来源，但他丝毫没被撼动。从小就在贫苦中挣扎的他并未被打垮。他开始重新思考，思考着怎么进入商界，怎么去搏击市场。他坚定的意志长出了枝干，商场就是他的战场。于是他借了两万元，创办了一个公司——华为。

在华为创办后不久，他的第三次磨炼来临了——数字程控交换机的研发。那时的华为硬件设施和软件技术都处于很低端的水平，研发人员常常因为电脑死机和测量仪器误差过大苦恼不已。因为研发投入过大，员工工资得不到保障，许多人纷纷离职，并且那时华为公司还时常被窃，造成了很多损失，许多人建议任正非停手。但是他不怕失败，失败对他来说也只不过是再来一次，而且这一次他相信自己的眼光，华为绝对不会失败。他亲自带着研发团队攻坚，最后在极度艰难的条件下研发出了 C&C08 数字程控交换机，让华为活了过来。

这三次磨炼已然让任正非成长了不少，使任正非从热血少年到有识青年，从有识青年到商界精英，他一步步走来，时代和环境让他成长，再也没有什么风浪能侵袭他的内心了。任正非那一代人里有许许多多的商界大佬，在我看来，他们成功的关键就是坚定的意志力，而这意志力的根源源自他们自己，而时代则给予了他们最多的养分。一旦内心的意志生根发芽、 生枝长叶， 最终开花结果， 这样的意志就无坚不摧了。我想这也就是孟晚舟在加拿大被捕后任正非却能轻松应对的原因吧。

歌德说： 意志坚强的人能把世界放在手中像泥块一样任意揉捏。 毫无疑问， 任正非就是靠着他坚强的意志和创造力将华为揉捏成了现在的样子， 而他的意志力来源于那个时代， 来源于他的经历。 我们纵然不能回到过去， 经历他们所经历的， 但是学习他们身上的品质是必要的， 因为唯有传承， 方能不灭。

雄关漫道，逐梦前行
——读《改革的逻辑》有感

文/刘诗琪

不曾感受那场轰轰烈烈的真理标准大讨论，不曾经历那场激荡人心的改革开放初期浪潮。我一边品尝着改革开放的累累硕果，一边觉得似乎一切都那么理所应当，直到我读到周其仁先生的这本著作。这位曾在长白山当过八年狩猎人的学者，以其真知灼见，从实际出发，抽丝剥茧，一步步为我们揭开现象的表层，发掘中国改革开放的背后逻辑。

何为改革？就是系统性的纠错。那错来自哪里？无论是1956年那群秘密实行包产到户的浙江永嘉农民和1963年偷偷逃港的十万宝安人，还是1981年悄悄将“傻子瓜子”经营成私人企业的年广久，都在告诉我们，错就来自我们身边普遍发生却又习以为常的不合理现象，而这些现象背后做支撑的往往是一些不合时宜的规则。规则从小处讲可以是一些规章制度，从大处讲就是法律法规、政策方针。在这个处处讲规则的时代，规则已经成为时代的价值底色。但是规则也可能有其历史局限性，所以我们在遵守规则的同时，应慎思之，审问之，明辨之，这才是对待规则的最好态度。

何人在改革？改革的原动力来自哪里？来自每个普通人、普通家庭改善生活的渴求，来自企业、地方基层发展经济的愿望。这是这本书最触动我的地方。我一直以为，改革是由顶层设计后，由上往下逐层推动的。其实非也，我们每一个国人都是改革的主人，我们对于美好生活的企盼最终都将转化为提高生活水平和改善消费质量的行动力，顶层设计不过是基层普遍愿望的汇总，我们每个人都在真实地参与这场波澜壮阔的改革开放壮举。历史或许由英雄勾勒出轮廓，但为其填充血肉经脉的，是我们每一个人。

改革的坚实后盾来自哪里？来自政策制定者愿意目光向下，发现基层的改革做法，并给予合法承认和保护，使之成为政策和制度。提到改革开放，不得不提改革开放的总设计师邓小平。当贫穷地区农民迫于生计悄悄包产到户时，他引导国家政策为其提供合法承认与保护；当民营企业家年广久将“傻子瓜子”悄然壮大，触碰了“雇工问题”，进行“资本剥削”时，他斩钉截铁地批示“不要动他”；当1988年价格闯关失败，经济形势严峻时，这位老人再次奋力推进改革，在1992年发表南方谈话“不改革开放，就是死路一条”。这名革命老人——拓荒的元勋，他的目光从未离开过人民群众，脚步从未离开过坚实的大地。他实事求是，敢闯敢破，带领人民开创出改革开放的现代化之路。

现在，我国虽已进入中国特色社会主义新时代，但在市场经济体制运行中许多社会经济问题依然存在，仍需要不断地深化改革。检视当下，我们会发现许多本书中十几年前就提出的问题，像小产权房层出不穷、公权过度侵犯私权等，在今天仍旧存在着。但没有问题，何谈改革？何谈进步？君不见？在祖国日益腾飞的今天，高铁、扫码支付、共享单车、网购已成为中国“新四大发明”；“天眼”探空、“嫦娥”探月、“蛟龙”探海的“中国创造”让世界刮目相看；习近平总书记领导的法治建设和政治体制改革也在稳步推行。今天，改革开放的伟大旗帜已交接到了我们的手上，我们会高举这一伟大的旗帜阔步向前，绝不退缩。民族复兴的接力棒，我们已经紧紧握住！

前人的艰苦奋斗，为我们带来了今日改革开放之硕果，作为当代青年，我们又能为后来者留下些什么呢？雄关漫道真如铁，砥砺前行亦当时。我们应当坚定自己的理想与信念，实事求是、开拓创新，抓住开放性经济升级的时代机遇，积极投身到改革开放的实践浪潮中，为实现中华民族伟大复兴的中国梦挥洒自己的青春与热血！

世界如此之新，一切尚未命名

——读《激荡四十年：中国企业 1978—2018》有感

文/聂丫雅

这个时代从不辜负人，它只是磨炼我们，磨炼每一个试图改变自己命运的平凡人。

——吴晓波

1978 年 12 月，中共十一届三中全会，党和国家领导人做出了实行改革开放的决定。随后的几十年里，中国对内进行了经济体制改革、城市化体制改革、税收体制改革等；对外进行开放、设立了经济特区、自由贸易区等。这些措施都让中国的经济迈上了更高的台阶。《激荡四十年：中国企业 1978—2018》主要从两部分讲述了中国改革开放至今的四十年里中国企业乃至社会的变化。作者吴晓波老师通过整体和个别相结合的描述手法，将中国企业的曲折发展历程清晰地呈现在我的面前。不过，让我最有感触的是 20 世纪 90 年代至今，在互联网快速发展、中国经济超高速发展的背景下，一个个敢闯敢拼的企业家们。

正如作者所说，中国的运气是极好的。改革开放，让我们赶上了工业化的末期，技术革命的兴起以及互联网经济的始发。互联网行业在 20 世纪 90 年代开始蓬勃发展，中国许多互联网企业也在那时初创，如阿里巴巴和腾讯。互联网的快速发展，使中国人的信息获取、社交、购物、日常服务以及金融支付等方式都发生了令人难以置信的改变，同时也给许多人带来了新的机遇。许多人抓住了这一机遇并奋力一搏；但也有许多人迷失在物质冲击中。

水大鱼大，奋力划桨

云南红塔集团有限公司和玉溪红塔烟草（集团）有限责任公司原董事长褚时健在2001年出狱后，与妻子在云南哀牢山上，承包了2 400亩（1亩=0.666 7公顷）荒凉山地，种植甜橙。书中说："褚时健与老妻两人独上哀牢山，并没有想过'褚橙'的商业模式，也不知道会有什么电子商务。他对所受遭遇毫无反抗和辩驳，亦不打算与过往的生活及故人有任何的交集。自上山那日起，他的生命与哀牢山上的枯木同朽，其行为本身是一种典型的自我放逐。"书中还说："在某种意义上，褚时健在哀牢山上'圈地自困'，带有浓烈的意象特征，宛如一代在扭曲的市场环境中挣扎成长的企业家们的'极限情境'"。但是，褚老凭借自己的努力和敏锐的嗅觉，进行了翻盘。2012年，正是电商如火如荼之际，也是褚老种植甜橙的第十个年头，褚老与"本来生活网"合作，开始了电商之路，从此一炮打响。2015年，88岁的褚时健再战电商进行创业，一是在天猫开设"褚橙旗舰店"；二是加入阿里巴巴集团满天星计划。"人生总有起落，精神终可传承"这句褚橙的标语，便也是褚老一生的写照吧。敢于拼搏，不怕失败。人生总是要做不同的尝试，我们需要的，只是勇敢地踏出第一步。

“彪悍” 向前

书中还提到另一位企业家——“锤子手机” 创始人罗永浩。 之前，我只听说过罗永浩其人， 但并不了解他的事迹。 看完书后， 发现罗永浩不是标准技术型人才， 算是个“野人才”， 什么都干过， 最后干起了“锤子手机”。 但锤子手机的销量并不可观， 罗永浩本人也在不断炮击雷军等手机行业大佬。 虽然罗永浩创办的“锤子手机” 失败多次， 但他依旧没有放弃。 书中写道：

“在一次接受记者访谈时， 罗永浩谈到了一个细节： 过去， 我要是在机场看到一个衣冠楚楚的家伙拿着一本杰克 · 韦尔奇在封面上‘狞笑’的《赢》， 就会觉得这个笨蛋没救了， 但现在我也会拿着这样的书硬着头皮看完。”“这种角色转变的代价， 使我必须面对一个倒霉的问题： 应该从此认为那些笨蛋还有救呢， 还是应该相信自己也成了一个不可救药的笨蛋呢？”

我突然想起唐小兵形容罗永浩 “彪悍的人生不需要解释”， 他说：“在某种意义上烙印着这个时代的‘精神’， 在每一个人的灵魂里扎根的精神， 一种崇尚奋斗、 进取和财富的权力意志。 在这个时代， 精英只能从一不怕苦， 二不怕死的彪悍人群中产生， 彪悍意味着强悍、 勇敢、无所畏惧和敢作敢为， 彪悍意味着拒绝伤感、 怜悯、 沉思与细节， 彪悍意味着在一个个直接的物质主义目标的刺激下向上流社会进军， 彪悍意味着在对欲望和权力的迷恋和把玩中寻求快感和价值。” 可能像罗永浩这样的人， 近些年从“理想主义者” 转型“企业家”， 再加上数次打脸的话语， 就能体现这种精神了吧。 罗永浩并不是一个人， 他是大部分中国企业家的缩影。

“每个人对于他所属的社会都负有责任， 那个社会的弊病他也有一份。”

书中说：“商业文明扩大了这个国家的物质疆域，同时也让很多人变得不知所措，甚至无地自容。”的确，经济发展的巨大冲击力让我们感到兴奋，而有的人却在兴奋中丢失了最基本的道义——“在这个转型的年代，每个人都让自己变得面目全非，而人被时代改变的部分，似乎大于他对时代的改变，因此所谓进步的意义，也在不同的人生中得到迥异的评判。”是的，人们都在说社会进步了，社会向前了。那什么是向前呢？是经济的快速发展但伴随着道义的缺失吗？是物质生活的膨胀但伴随着精神生活的“残废”吗？米兰·昆德拉在戏剧结尾曾写道：

“有两个人在一块儿走路，其中一人问同伴：往哪儿走啊？同伴答：你往前走。问话的人说：哪是前？同伴答：这就是我们人类最古老的笑话，你往哪走，都是往前走。”所以什么是向前呢？没有人说得明白。

不过，令人欣慰的是，总有人在坚持自己的道路，绝不回头，樊建川就是其中一个。樊老用自己赚的钱建立了第一座抗战博物馆，他说“收藏记忆，收藏苦难”这件事必须有人做。朋友们都说他是“樊哈儿”，太傻太不实用。后来，他又用自己的钱建了五座抗战博物馆。再后来，他又用他那经商的头脑，在成都安仁镇办了古玩店、旅游商品店等，卖水卖饭、办夏令营，拉起了产业链。最后，他由一个商业企业家演变成了社会企业家。这些像樊建川一样的企业家的存在，正如书中所说，“是中国商业美好的重要构成部件”，同样也是我们这个社会美好的重要组成部分。

历史舞台，如何表演

注重“审美”。中国企业的这四十年发展和中国这一国家的发展如影相随，可以说是艰难与进步并存，机遇与危机齐现。不论是对内的经济体制改革，还是对外的开放，中国每一步都走得并不轻松。改革开放的确给中国带来了翻天覆地的变化，但我们也要承认，物质与精神方面的极大不匹配也是存在的。不过令人高兴的是，当代的中国，正在出现新审美。中国人民对于美的感知能力正在提升，这代表着中国也在进行新的转型，我们希望我们的祖国更加“富裕”。

这是一个瞬息万变，充满机遇的时代。互联网经济的高速发展和技术革命带来了无限的商机。例如，著名企业家马云便是在20世纪末搭上了互联网的便车，从此建立了“阿里帝国”。我们作为青少年，更应该懂得抓住机遇。互联网为我们带来了生产和生活方式的巨大变革并将一直持续。如何让自己做好准备并且抓住机会是我们青少年应该关注的重点。

勇敢尝试，不惧失败。作者曾在演讲中说，在改革开放的前期，致富的人可能不是智商最高、最漂亮的，也不是一个班里最优秀的，但一定是最有欲望、最渴望致富的。那我想说，最近十年致富的人，大多是勇敢的、有学识的、能顺势而为的。我们现在这个时代不缺聪明的人，而勇敢的人却凤毛麟角。没有一个成功的企业家是不勇敢的，成功之路必然是一条勇气之路。同样，正是因为中国人具有勇于尝试和制度创新的勇气，中国企业和这个国家才有了今天的成就。

拥有怜悯和同情之心。人之所以为人，是因为有对美的感知和对世界的关怀，没了这些，所有的其他都是空谈。作为青少年的我们，应该拥有敏锐的感知能力和同理心。我们应该学习像褚老一样的实干企业家们敢闯敢拼的精神，也应该拥有像樊建川一样的企业家们对周围世界的怜悯和关切之心。这个社会，才会因我们的努力而不同，这样才能尽量拓展我们生命的宽度和广度，才能有更好的人生体验。

踏实实干的本领。浮躁的社会并不代表我们也需要浮躁。书中提到的所有正面的企业家， 都是在踏踏实实做事， 勤勤恳恳做人。 面对巨大的物质冲击， 我们只有脚踏实地苦干， 才能心安地仰望星空。

斗转星移， 历史舞台瞬息万变， 时势才能造英雄。 这个时代从不辜负人， 它只是磨炼我们， 磨炼每一个试图改变自己命运的平凡人。 愿我们青少年永怀怜悯之心， 拥有对美好事物的感知能力， 努力向上， 勇于争取， 传承改革开放四十年来老一辈的优秀精神， 借鉴优秀企业家的实战经验， 能做事的做事， 能发声的发声， 勇于索取， 不怕失败。

世界如此之新， 一切都尚未命名……

历史哲学篇

以大历史观看中国

——读《中国大历史》 有感

文/苏晓玥

黄仁宇先生作为一个拥有着中国文化基因的史学家， 在西方各学者纷纷热切研究汉学的时代， 固执地提出了他对中国史独特的见解——大历史观。 尽管他在美国屡屡受挫， 但我们不得不承认的是， 他的确深知中国思想的传承性， 故而有了所谓的大历史观。 这样宏观的见解也使他与当时大多数仅仅专注于微观方面的学者区别开来。 从“大历史” 这样的角度去观察已然逝去的历史， 不免让人感叹历史似乎有着惊人的相似性。

中国， 一个拥有五千年历史的古老东方国度， 其经历过的变更也是其他国家难以想象的。 然而， 作为一个有着无数经验与教训的国家， 它为何仍然在近代陷入巨大的危机呢? 人们大都会将近代时期国力的孱弱归咎于清政府的软弱无能， 但是当我们学会用“大历史” 的眼光去回溯各个朝代的兴衰、 更替时， 便会打开一个不一样的世界。

诚如书中开始时所提及的， 中国人从公元前便开创了自然法则并以此延续下去。 从长远来看， 这一法则对之后每个朝代都有着不可撼动的影响力。 周朝作为此法则的开创者， 固然能凭此在初期将混乱的部落加以统治， 然而随着时间的流逝， 这一法则的弊端便也渐渐显露了出来:

过于理想化的自然法则，使得政府高层的指令与经过各个阶层传递之后到达人民耳中的指示大相径庭。事实上，这样注重形式却效率低下的“间架性设计”几乎一直存在于中国的历史当中。如此一来，当国家的国力每况愈下之时，这样的国家结构难免会遭受不可逆转的打击。周之后各个诸侯国纷纷独立，对峙的春秋战国时期、汉之后的三足鼎立、唐之后的五代十国……纵使一个朝代曾有过多么强盛的国力，它们的下场竟都出奇一致的难堪。虽说中间曾有过诸如“百家争鸣”的思想黄金时期以及各种改革，但是自然法则这一实质性的东西却几乎从未改变过。黄仁宇先生在谈论秦朝时明确表示过：“中国政治体系的早熟在当日不失为一种成就，可中国人也必须为此付出代价。”何为代价呢？当先辈如此仓促地建立了一个国家，却没有任何理论能够支持它迈向一个条理清晰、使命必达的未来时，便决定了作为一个以农民为立国之根本的它需要依靠人本主义的调节，然而人民的生活是国家高层没有能力去完全规划掌握的。十全十美的理想便由此显得有些脱离事实，因此朝代的更替便变得有它暗藏的规律——大多的矛盾都源于民不聊生，然后人民被迫站起来与沉浸在自我理想中的君主斗争。

在封建时代，中国偏安大陆的一角，尚且能够延续前朝策略，依靠小农经济自给自足。由于工商阶级受到管理高层的打压，加之传统的小农经济使得政府也没有剩余的人力发展资本主义，因此中国在此方面的萌芽便要等到许久之后。然而，就在当时的中国还在知足常乐的时候，西方已悄然开启了大航海时代，为资本主义发展奠定了其经济飞速发展的基础，并完成了第一次工业革命转型。虽然其间西方与中国一直都有着一定的交流，但中国并未意识到工业能带来巨大利益，当时的中国难以从农业社会转变为商业社会。直至列强的魔爪伸向这片土地时，当时的政府才从美梦中惊醒，迫于各方的压力而下定决心改革。黄仁宇先生在书中说道：“一个多元的社会成为可能，是因为它所需的数目字以公平观念为准则，能使其公民做以前不能做的事。”一个国家能否用直观的数字进行管理，是它能否迈向现代化的一个标志。然而中国本土的自然法则却让它不能完成数字化。自然法则使得当时的中国仍旧处于重形式轻效能的时期，即便当时上层的要求多是注重文化思想方面，但这些东西仍旧如同原来那样不能直观地传递到农民耳中，而农民阶级也大多只关心个人温饱问题，无多余精力顾及商业的发展。商业与工业的力量始终太过渺小，足以忽略。

上层与下层的联系始终涣散，使得中国在近代与西方发生碰撞时终究败下阵来。清帝国也尝试过各式各样的改革，但高层总执着于自己的利益，不肯让步，清朝的实用主义，到头来显得有些空虚。最终不论是洋务派，还是维新派，甚至是资产阶级革命派，都屈服于帝国主义的强大，希望通过像西方国家那样的现代化方式助力中国。但摆在眼前的事实是，中国的资产阶级过于势微，官僚及农民阶级才是大多数。开辟一条新的道路，方能为其探索到出路。毛泽东能够将上下层联系起来，发动群众力量，打破原有的自然法则，故而受到人民的拥护。中国经过近百年的改革后，终于探索到了一条属于自己的路途，因此才能够逐渐强盛起来。

《中国大历史》中的每个时期是有着连贯性、相似性的。倘若将它们逐个分解开来，或许我们也只能追究当时朝代的不是，然而以“大历史”眼光加以审视，却会发现历史有惊人的一致。反观当代中国，想要避免走弯路，便也离不开这样的大视野。过于拘泥于一点，难免会有井底之蛙观天之感了。

站在历史的视角上思考历史

——读《天国之秋》有感

文/张景铭

在经济危机爆发前，总是有经济学家认为当前经济形势大好，各种经济指数表明危机不可能发生。但在危机爆发后，那些事前认为不会有危机的经济学家也能分析出，一些指数表面看起来良好，但只是虚高，另外一些现象早有预警……我相信这些能够被众人所知的经济学家大都是有真学识的，而这种转变其实是反映了我们认识事物的一个特点：知道一件事情的结果，会影响我们对过程的认识。心理学上将这种现象称为后视偏差（hindsight bias）；在历史学的讨论中，我们常常说这是“倒放历史”产生的问题。

倒放历史会引起很多问题，诸如人物的脸谱化和平面化。我们知道一个人后来的选择，我们就认为他一开始就注定成为那样的人，进而忽略许多历史现象。举个例子，在许多的历史书中，慈禧太后生下来就是垂帘听政、热衷于独断朝纲的积极分子，仿佛她的整个人生都在为独断朝纲做准备。倒放历史同时还会引起对历史的选择性漠视，忽略历史现实等问题的发生。例如之前几十年一直被认为是卖国贼的李鸿章，我们看到的是他签订了丧权辱国的赔款条约。但我们一直忽视了另一些历史现实问题：如果清政府不和列强妥协，那么以那个时候的国力，我们面对洋枪大炮贸然开战只有败局，那些丧权辱国的赔款条约固然使我们民族倍受苦难，但在一定程度上争取到了国内短暂的和平。

更进一步说，倒放历史还会导致我们常从目的论的角度来看待历史，仿佛历史就是在向一个特定的目的奋勇前进。通过梳理，我们不难发现选择性的漠视、人物平面化脸谱化、目的论的历史观都是紧密结合在一起的，而它们的起源都是倒放历史。

如何规避倒放历史也是个难点。毕竟作为历史的学习者，我们势必已经知道结果，不可能不把结果放入我们的思考中。我们的解释势必与结果有某种联系。幸而近些年有许多作品尝试了新的叙述角度，给予了我们新的思考方法，而《天国之秋》就是其中的佼佼者。

我们不缺少讲述太平天国的史书，从金田起义到天京陷落。我们习惯于一种固化的叙事模式：起初他们是有活力的，后来他们腐败了堕落了，最终他们灭亡了。但这本书不是这样讲的。全书的开篇，我们被放在了 1852 年的香港，和西方观察者一起，和他们一样从传闻中了解这场变革的进程。这样，我们和西方传教士一起，认识了洪仁玕，逐渐了解了他的思想，以及他对当时世界的认识。追随着他的视角，我们可以看到没有任何证据表明天国在江河日下，石达开的出走、天京的奢靡，这些都被一笔带过。对洪仁玕来说，这真的不那么重要，这些都是再正常不过的事情了。透过他的视角，我们看到了一个蒸蒸日上的太平天国。同时，追随当时各种西方报纸的视角，我们又看到我们的“天国”正随着当时世界的许多事件而改变，这些事件、这些变故，以及这之后的许多观念，使我们又感受到了一个个不同的人对于整个事件与世界的认识，而这一切对洪仁玕来说，是全然无知的。无须讨论必然与偶然的问题。追随着曾国藩的视角，我们看到了领兵作战并非他想走的路，他饱读诗书，梦想在官场平步青云，谁料太平天国到来，他不得不担任团练大臣，开始踏上平定太平天国之路。我们被迫在这些不断切换的当事人的视角中看到，我们对历史的认识本身就是在变化中的。

站在历史的角度上思考问题，我们才能避免“倒放历史”对我们思维的影响，才能更好地明白历史。站在现代的“上帝”视角，我们难免会认为古人的行为很傻很落后，可是去除我们的历史先知，将自己放在历史当事人的位置上，我们又能否做出超越时代局限的选择呢？我们学习历史应该站在历史的角度去抉择，去思考真实的历史，去考虑历史的现实条件，这样才不会闹出像晋惠帝“何不食肉糜”那样的笑话。

观天下经纬，溯文化之源

——浅摘《民族与文化》之要并抒己所感

文/马梓淏

红日初升，其道大光。河出伏流，一泻汪洋。今日中国，傲立东方。雄狮怒吼，百兽震惶。中华民族足迹遍及全球，中华儿女散布在世界各个角落，如满天繁星点亮夜空。中华文化这条汹涌澎湃的大河冲破文化隔阂的岩屿，生生不息地流淌在中国人民的心中。而大河之淼淼，终成于百川之汇，百川之为百川，终有其源头活水。吾欲逆流溯之，而幸得《民族与文化》一书。

此书作者名曰钱穆。他在书中比较了中华文化与西方文化的异同，相形之下突出中华文化的特点，解读中华民族基因密码，并以历史为线勾勒出中国历史文化演进大势。此书论证角度丰富、逻辑严谨，将历史演进娓娓道来，语言通俗易懂。即便是才疏学浅之辈如鄙人，读毕也觉收获颇丰。因而，我想将这本书推荐给大家。

先有民族？先有文化？

钱穆认为，文化是人类集体生活之总称，文化必有一主体，此主体即民族。我们说民族创造了文化，但民族亦由文化而融成。因此诞生了是先有民族，还是先有文化的问题。这就好比是先有鸡还是先有蛋一样，两方可各执立场，据理力争，滔滔不绝，但最后谁也说服不了谁。于是，便有了中西文化的分化。

先看西方历史，我们不难发现如希腊文化、罗马文化等都曾发达繁荣一时，但都“阳寿”短促，其民族也未能在历史上长期活跃。他们往往在外族入侵掠夺后，留下历史的烂摊子：其文化未能指导外族的发展，也未能由其他民族继承，但其存在的痕迹，依旧刻在布满尘灰的时光与不堪回首的记忆中。于是，民族悄然退出历史舞台，而其创造的文化被遗弃在无人问津的角落，蓦然断片的历史进入黑暗期。古巴比伦、古希腊、古罗马的惨案产生了英国汤恩比等史学家的文化悲观论，认为文化到达某个地步必然僵化。以此，笔者认为，西方文化更倾向于站在先有民族一边。

但这种观点，显然不会被中国人所接受。我们再看中国历史，不难发现其至少有五千年的记载，在历史的长河中始终翻腾着中华文化的浪花。在中国人看来，中华文化潜藏在中华大地中，任何踏入此地的人都会汲取中华文化的灵气。

因此，我们可以窥见两种文化性格的不同。西方人主张民族主义，强调棱角分明，将任何事物清晰地划界，独一逐个研究。中国人主张“天下一家，中国一人”“有朋自远方来，不亦乐乎”，有“天下大同”的理想。回顾历史，西方民族崇尚武力扩张，民族对立。但当我们看到庞大的罗马帝国只有罗马一处存在罗马文化，其扩张地居民仍然爱其所爱、行其所行时，不禁感到悲哀。反观中国，在“男女同姓，其生不蕃”的思想下，出现了异族联姻及车同轨、书同文、行同伦的现象。中国虽幅员辽阔，但上下浑然一体。观乎人文，以化成天下。这种无须外力强加、自能深入人心的力量，正是中华文化的精髓体现。

放眼当下，中国已成为世界第二大经济体，肩负着大国重任。在中华文化的浸润下，我们的处事方式日趋成熟。人类命运共同体的提出，体现了中国“海纳百川，有容乃大”的胸怀；一次次维和行动，彰显了中国“大道之行，天下为公”的风采。中国没有美国的贸易与军事大棒，只有和平共处、公平正义的旗帜。中国正以包容开放的姿态迎接风云变幻的格局、光怪陆离的现象。中华文化，正在为世界提供中国智慧。

哲学历史，谁主沉浮

钱穆把人文中的“文”解释为花样。譬如我们画一条横线，一条竖线，一纵一横，一经一纬，就成了一个花样，这就是“文”。玄黄洪荒，人文交错，纷繁复杂，异彩纷呈。在此基础上，就有了各种各样的文化。然而，西方文化在历史上间断而各成一派，文化的交替生硬而不自然，人文的传承并未继往开来。所以他们需要一种精神引领他们向前且不会迷失。但是在中国，中华文化一脉相承。因此，中国人的引领精神便是存在于连续的历史的中国文化本身。如果说中华文化在莽莽榛榛的历史大道上走出了中国人不灭的印记，那么，这些印记也装点了大道的风景、指引了大道的延续。对比两种文化，钱穆提出了西方是用哲学解释历史，而中国是从历史讲出哲学的观点。

然而，用哲学解释历史、指导言行，终究有极大的片面性。哲学的思想终究来自对生活的考察，然而每一个人对生活的体悟不可能相同。因此，西方人的哲学各成一派，并且只对自己适用，没有一个人做得了哲人王。我们试想柏拉图拿到政治大权，用《理想国》中的理念治理天下，那将是多么可怕骇人的情景：一个孩子生下来就要派专家来做主，看这个孩子是该当商人还是农民、该从政还是从戎，他的一生完全不由自己做主。斯大林建造了理想国，却搞得经济停滞、苏联解体。这是因为西方人追求纯粹哲学，追求完美世界而脱离现实。用这样的哲学解释历史，就会闹出黑格尔的笑话：他认为因为太阳自东向西，即文化从中国开始，所以中国最差，西方最优。这种说法显然荒诞可笑。

所以，哲学应从历史、客观事实上来进行阐述，而中国的哲学更多的是一种文化理想。老子曰："道生一，一生二，二生三，三生万物。"万物之始为道，道即中国人前进的道德和理想。由于中国人心中都有一个共同的文化追求，所以一切皆可和合，即我们所说的"情深而文明"。中国人民彼此交融，从而有了与人相处的"人道"。合乎人道则相安，因此中国人是群居生活，秉持家庭即一社会、国家即一社会、天下亦是一社会的理念。所以"修身，齐家，治国，平天下"的最高追求应运而生。这种落到实处的理想，推动着中国人不断努力向上以凌绝顶，不断奋勇向前以致远方。

这种理想也深刻地影响着我们今天的所作所为。我们且看美国，在1929年时出现了泡沫经济的破裂，从而引发严重的大萧条。此后，美国通过"剪羊毛"的形式攫取他国财富，却在2008年引火烧身。对比中国，便知相形见绌。中国人民以其勤勉踏实、吃苦耐劳的精神，栉风沐雨七十载，筚路蓝缕砥砺行，终于让萧条荒凉的光景焕然一新，重现繁华。有一则笑话：澳洲限制中国人入境，因为如果中国人跑到澳洲当劳工，那么将来他的孩子可能会做博士，而澳洲不能平添许多中国博士。

此次读书似是登山，越往上走，风景越秀丽。我深刻感受到中华民族与中华文化的至善至美，同时也庆幸自己身为中华儿女，庆幸自己的黄皮肤黑眼睛黑头发。我对中华文化的喜爱与眷恋一纸难书。浸润在中华文化的海洋里，我便会永不干涸。

赤壁悠悠，江水滔滔

——读《赤壁赋》所感

文/李文泽

人们总是想从现代忙碌的生活中寻一丝诗意，每一天面对的钢铁洪流早已从当时的感叹变成现今的乏味。“生活不止眼前的苟且，还有诗和远方”，话虽这么说，但每一次我们想抬头远眺东方，一窥日出之时，总有高高低低的建筑拦住了我们的视线；每一次我们想抬头看一看天空，却始终找不到自己想要的蓝色与白色；终归于寂静的夜，却也寻不到那一轮弯月和漫天的星辉。

我也是茫茫人群中的一个啊，我也什么都寻不到。

可我最终听到了滔滔的江水声。

一

已经过了很久了。

很小的时候就听到哥哥姐姐说起苏轼的《赤壁赋》，而年幼懵懂的我对于一篇文章记住的只有开头寥寥数字，只会似懂非懂地说“壬戌之秋，七月既望”。到了高中，我总算在教材上看到了这篇听闻已久的文章，欣喜地翻开书本，畅快地阅读。但每一次读后总会发现，它对我来说仅是一篇文章，我看懂的只是书写的文字，却始终理解不了作者想表达的蕴意。后来老师讲解了很多很多，我也逐渐明白了作者想要表达的情感。

可我戳不破那一层窗，那一层跨越古今的窗。

已经过了很久了。

一个立夏过了没有多久的夜晚，我在放学回家的路上不经意间抬起了头，七颗明星第一次被我窥见全貌。我痴痴地坐在楼下的亭子里，小区里轻声作响的喷泉不断地冒出水花，夜晚的风儿也轻轻地拂过我的面庞。

“这七颗明星的名字真好听呢。”船上的人饮着酒，眯着双眼笑着说道。

“天枢、天璇、天玑、天权、玉衡、开阳、摇光。”有人轻声回答道。

“真希望有人可以陪我呢！”饮酒者站立在船头，环顾青山大声地笑道。

“你并不是一个人。”声音再一次出现。

“是。只不过我叫苏轼，而你叫东坡吧。”

老师们说，《赤壁赋》中的主客对话其实可能并没有这样的一个“客”。苏轼是孤独的，孤独到要自己臆想一个人出来陪伴自己。而东坡又是不孤独的，他知道漫天的星月和荡开的江水都是他最好的陪伴。“清风徐来，水波不兴”“举酒属客，诵明月之诗，歌窈窕之章”，轻拨船桨，扁舟划开水面，漫无目的也不求目的的随意飘荡，用指尖轻轻触碰水面，被搅动的那一轮圆月，似乎是在笑呢。诗人自有诗人的气质，见水中的你笑了，便要吟诗一句，“待月月未出，望江江自流”，或许是月听见高兴了，便有了“月出于东山之上，徘徊于斗牛之间”。

夜晚和酒给了苏轼另一个身份，他变成了东坡，变成了真正的自己。诗和远方，可能就是他乘着小舟，飘荡在水上，饮着只属于自己的酒水。喝得醉醺醺了，就感觉自己进入了仙境，这或许就是诗人最大的魅力吧。我们不知道是否真的有一个陪着他的客人，但不管有没有，那一瞬间，他只是一个失意的人，一个自我消遣的人。人们都说诗人是孤寂的，没有人能够理解一位诗人的所思所想。那个平日里不畏权贵，敢说敢做的正直的人，在夜晚降临的时候突然变得脆弱。夜晚让苏轼开始思考人生的真谛——万事万物在我们不经意间悄然逝去，即使是叱咤风云的孟德，也无法挡住时间前进，百年时间的流逝早已经让他的丰功伟业变成了滔滔不绝的江水。这世界多大啊，而我们多渺小啊！

我总是猛然回首，才发现时间流逝是一件可怕的事情。小的时候对于一切都没有什么认知，只是简单地知道，白天可以玩耍，夜晚就要睡觉。一天一天的过去就到了周末，周末可以放假；一个月一个月的过去，就有了四季的变化；一年一年地过去，就有了在过年时才能体会到的乐趣。人们总说啊，我们小的时候总嫌时间过得太慢，希望自己早一点长大，但长大了又希望时间可以过得慢一点。一年真的很长吗？这个问题始终没有答案。但我知道，如果一年真的很长，就不会有苏轼“哀吾生之须臾，羡长江之无穷”了。每一天生活都很充实的人，他自然觉得时间过得很快很快；但像我们大多数人只有在某一天徒然回首的时候，才会发现，自己和身边的世界已经发生了很大的变化。时间久了，这样的次数多了，就不太明白人生和时间的意义了。

深沉不是成年人的专属。上学的时候，每一天基本都是一样的生活，唯一变化的也就只有早上升起的太阳和傍晚落下的夕阳了。我们每天都在做固定的事情，并没有说放弃了什么，但我们知道随着时间的流逝，我们失去了很多。我们高二升高三换教室的时候，后面的黑板上写着“离高考还有300天”，大家一笑置之；我们举行成人礼的时候，后面的黑板上写着“离高考还有196天”，大家相顾一笑；我们百日誓师的时候，黑板上的日期换成了红色，“离高考还有100天”，大家勉强一笑；我们毕业典礼的那天，黑板上的数字已经是个位数了，大家又笑起来了，“再有几天就解放了！”是呢，解放了！我们笑着面对所有人，背对着却哭得稀里哗啦。六月的阳光是那么的热情，所有人无言但却高昂。我清楚地记得我是怎样走上高考考场的，我记得除了试卷外的一切，记得每一个人最后留给我的面庞，记得她眼中笑着的阳光。

不是我，不是我们，是所有人。

面对离别的那一年，总像是被刀硬生生地切开一样，一个回不去的六月隔断了一切。我知道，十一月的我不管怎么回首，哪怕仅仅是在脑海中想，有些画面也回不去了。2019年新年伊始，我还是一个准备高考的孩子，我不在成都，我在我的世界里自由自在，每天身边都是玩了很久很久的朋友；2019年还有两个多月结束的时候，我已来到成都，家和朋友，第一次成为有距离感的事物。记得还在高中学校的时候，上一届的学姐说，“我现在已经有一些回想不起来高中和准备高考时候的样子了”，那个时候我笑着摇头，可现在点头也不会笑了。

“盖将自其变者而观之，则天地曾不能以一瞬；自其不变者而观之，则物与我皆无尽也，而又何羡乎！”苏轼懂了的人生，我也尝试渐渐明白。

学姐说，“上了大学你会发现这比高中好玩多了”，因为你会发现，无数种未来在你的脚下展开。“且夫天地之间，物各有主，苟非吾之所有，虽一毫而莫取。惟江上之清风，与山间之明月，耳得之而为声，目遇之而成色，取之无禁，用之不竭。是造物者之无尽藏也，而吾与子之所共适”，自我们出现的那一刻起，我们的时间就已经开始流逝了，与其自哀自怨，倒不如潇洒旷达。月想给你思乡的悲苦，你就对酒当歌，灌醉月吧。

我是一个乐观积极的人，但并不会把我从书中看到的，从生活中学到的，进行口头上的大篇章的赞扬。我想，真正去做好一件事情，才是真谛吧。你觉得诗和远方离你很远，你就读读诗歌，自己接近它们；你说生活中有很多不如意的地方，那你就去改变它吧。我以前喜欢星星，因为我觉得那种静谧属于夜晚的我。可我现在更喜欢旭日东升，看着洒下来的阳光透过树叶，我想每天一个新的开始都是属于我的。

“转眼间，一切都已改变，新的起点、新的世界就在眼前！”

二

其实没有过多久。

我的生日就在夏夜。那一天我没有之前那么幸运了，我没有看见天上闪耀的北斗七星。我站在屋子的窗边，静悄悄地看着这座城市的霓虹。我不认为我是一个诗人，但我觉得我有诗人的情怀。打开窗，清爽的夜风便向我袭来。

夜晚的我总是多愁善感，而长大的我也越发多愁善感了呢。

我的窗子遥遥对着腾在半空中的新月，虽不是满月，但月光十分明亮。打开桌上的台灯，将亮度调到只能隐隐约约看到我书写的字迹。我冲月亮挥挥手，有月，有灯火，和千年前的东坡很像了呢。

我知道我今晚要写什么。我也知道为谁而写。

“舞帘叩蟾宫独醉十又七”，我吸了一口冰凉的空气，满意地笑道，“就你了。”

戊戌之年，旦月之初，云夜行归，见月皎亮于天，忽忆少年事，复又有叹，故记之。

朱明三夏，民曰旦月。云与酒步于荫蔽之林下，日将暮，东有夕阳残于天，西有白月隐没于空。南烟忽起，有风雨欲来之势，忽现绮陌九衢，中通四方。云急而归，不思无量择一小路。及其步入，南烟止，浮岚起。缥缈乎似见碧城丹鹤，茫然乎如遇阆苑玄女，飘飘有登仙之意，遥遥有醉仙之心。

云退，问酒月曰:“君既见瑶台乎？”

酒曰:“未见。”

云曰:“何景君见之？”

酒曰:“吾未见蓬瀛之飞仙，只见大千之凡俗。景随岁变，一景一止，一顿一停。青阳清和，万物始发；东君挥袖，青帝掩泣，风雨齐至，万物始发。见民耕于地，望童悦于野。袅袅炊烟阵阵起，方知山野有人家。日出而出，日落而归。清夏兰秋，昼已长，夜已短。早起于阑珊之时，仰面游目，旭日欲升而曙河渐低。平明时分，城已清醒，若俯瞰于万仞之上，必讶于世人之行径。万千交通，万千人流，喧嚣声语，乍然响起。虽不似风雨轻柔入耳极听之娱，一落一起，亦消困醉之乏意。清夏雨甚疾，塘中宿蕊瓣残，芰荷不展，斗攒纷纷，皆为泪脸。宿残新展，绿云起红阳，玉池出芬芳。”

云默然，逡巡不答，寻曰:“君见金秋，吾见凄辰；君喜安宁，吾悲岁余。同路而景异，其真乎？其不真乎？描双翠，整云髻，配之以罗胜，修之以靓装。殿中回雪袖，春柳作摆，纤玉翻转。然敛黛攒眉，是哀乎？是乐乎？孰人可知？”

酒笑而曰:“君欲悦他人，汝之乐其乐也。然大千茫茫，芸芸万生，果能相遇乎？果能相与高谈乎？果相知相识乎？君爱人无过，爱之道亦无过，其之过在于心也。君见金秋而思凄辰，岂秋之景独有萧叶飒飒乎？视安宁惟岁余，岂君不知初阳岁？如无冬，何来春？君心思之甚多。况吾与子不过小城偏野之人，大事不多，忧事亦少。吾之言，吾之行，君莫多思，虑全为善，多思为过。”

酒执云手，信步而前，所及之处，如珠滴古潭，柔掀微澜；所驻之处，如寒雪遇阳，烟雾皆散。巧笑嫣兮，美目盼兮。抽手离身，轻笑起舞，忽有阵阵柔风起，便有瓣瓣桃花落，乐轻纱之佳人，醉梧桐之凤鸾。云曰:“世之行道，多为杨朱，或踏而登天，或如而九折，更有甚者，近亡羊路而不知，吾之见，君之见，皆是恁时之念，一霎而逝。前人言人世渺渺，浮世万千，仙台阆苑岂胜于凡世言笑? 况吾遇君，羽化飞仙不及君之一笑一颦。”

云与酒皆喜，自心而畅，却不知夜已深，仰首望明月莹星，月知星窃然之私语，不知云酒并瓦之牙耳。

我没有见过苏轼，但我见过东坡，从很久以前我坐在亭子里看着北斗七星出神的时候我就知道，虽然分隔了时空，但我仍能远远地望见他。我们从历史上能知道很多，就像被贬官来到赤壁的苏轼，我们很多人的生活和他没有什么区别。只不过东坡能够抬头望月，吹着江风，撩动江水，“纵一苇之所如，凌万顷之茫然”罢了。

这是我十七岁给我自己的礼物，但当我十八岁真正明白的时候，才知道，这才是真正的世界。

感悟历史，砥砺前行

——读《近代中国社会的新陈代谢》有感

文/向　晨

在读了陈旭麓先生的《近代中国社会的新陈代谢》一书后，加深了我对近代中国社会的认识，而不止限于了解表面的历史事件、人物以及发生的时间节点，我会更多地去关注历史事件发生的深层原因以及产生的影响，去了解特定历史状态下事件发生的整个过程，体会作者用独特的风格、个性以及视角来展现的他对历史的认知，同时我也学会了用批判性思考来总结出自己的认识。

在序中，冯契先生对本书的题目进行了深入的阐释，“近代中国”是指自1840年鸦片战争起至1949年中华人民共和国成立这个历史时期，本书着重对以“五四运动”为界划分的前八十年的中国社会进行了描绘；关于“社会”本书则是从社会结构、社会生活和社会意识三个方面进行了具体深入的研究和说明，这种多方面、多层次的考察，使整本书的主旨和中心得到了丰富精彩的展现；题中“新陈代谢”则表明了近代中国在受到外力的冲击下，社会变革等新陈代谢十分迅速，展现了一个动态的、不断自我更新和调整以适应时代变迁的近代社会。这三个词一起高度概括了这本书的主要内容，其中我最感兴趣的便是“新陈代谢”。新陈代谢是新事物代替旧事物的过程，这是普遍存在的客观规律，因为新陈代谢一旦停止，生命也就停止了。正是由于近代中国社会的新陈代谢，才使中国即使在经历了近代的一系列苦难和屈辱之后，仍然能够站起来实现民族解放和国家富强；使中国在现代文明高度发达的今天，能再创辉煌，坚定地屹立于民族之林。

陈旭麓先生在创作这本著作时有三点写作手法使我印象深刻。

第一点便是联系的手法，这也可以算作是一种研究历史的思维方法。任何历史事件都是特定的历史环境下的产物。而这本书的魅力就在于虽然它所描绘的历史时期是近代，但它并不是开篇就从鸦片战争写起，而是直到第四章才真正进入近代中国社会的主题。但这并不意味着前面的三章是冗余的，反而在我看来是十分必要的。第一章写的是漫长的封建社会时期，分别从时间跨度和历史进程、土地私有和买卖、官僚政治、宗族和行会、儒学思想五个方面进行了概述。“历史的分期存在于历史的延续之中”，近代社会是从古代社会转变而来，因此，古代封建社会的长期延续对近代社会的变迁有着深刻的影响。只有将古代社会和近代社会的政治、经济、文化、风俗以及生活相对比，才能清楚地认识到近代社会的变迁体现在哪些方面以及变迁的具体特点。封建社会的时间跨度是漫长的，历史进程是缓慢的；土地的私有和买卖反映了小农经济下农民和地主的关系，这种经济形态是稳定的，同时也是保守的；而官僚政治则反映了古代的政治形态，矗立在小农经济基础上的是君主专制的中央集权制度；宗族和行会作为社会组织反映了社会的风俗及生活，对封建秩序和社会的稳定与延续起到了重要作用；儒家的伦理道德则体现了古代的社会思想，规范了人们的行为习惯。正是这些方面构成了封建社会的整体，它们相互联系，并对之后的近代社会产生了深远影响。而这些因素都或多或少地起到了维护封建社会的作用，导致了封建社会的长期延续，虽然社会仍然在变化，但其变化迹象十分微弱，没能突破封建主义的硬壳，延缓了中国近代化的进程。第二章写的是东方与西方之间的交流与比较。“近代中国社会是在受到外国的影响下发生变动的，而不是中华民族自己选择的结果。”因此，东西方之间的联系直接影响到了后来中国的近代社会的新陈代谢。从最初由于交通工具的不发达，东西方之间只能隔雾看花；到后来，丝绸之路的开通、马可·波罗来华、郑和七下西洋的壮举……使东西方之间的交流和了解逐渐加深；但在地理大发现以后，面对西方强韧持久的进取之势，清政府却走向了保守防范的抵拒。这导致了中国在近代社会中处于被动的状态，在西方的强硬姿态下走上了近代化道路。第三章写的是由盛转衰的清朝，清朝不仅自身经历了转折的时期，它本身也是历史进程中的一个转折时期。在一个王朝走向衰落的后期，往往各种社会矛盾都会爆发出来。此时的清朝，不仅面临着人口、财政、吏治等种种难题，而且还要应付从西方到来的航船，它们承载着西方在工业革命以后用机器制造的大量商品。西方人想要打开中国的大门，获取更广阔的市场。“西方资本主义的东来使中国历史改变了轨道”，中国不再像以往一样地改朝换代，而是被迫步入了近代。

第二点则是引用史实来支撑和论证自己的观点。作者在书中经常穿插一些文献资料中的记载，以增强文章的说服力。例如作者在写到清朝开国即厉行海禁时，有引用这样一句话“寸板不许下海，界外不许闲行，出界以违旨立杀”，这充分体现了清朝禁律的严苛程度，也让读者有了更深刻更强烈的触动。又如文中引用的“天朝物产丰盈，无所不有，原不藉外夷货物以通有无”，这不仅体现了清朝君主盲目自大的心态，也反映了当时小农生产所维系的自然经济的状态。

第三点就是文章中的语句妙趣横生、十分生动。例如作者在写到林则徐率先将目光投向西方时，是这样说的：“林则徐的可贵之处正在于他最先拿起西方这把尺量出了中国的短处。”作者将西方先进的知识和技术比作尺子，而林则徐就是利用这把尺量出了中国与西方的差距。

同时，在读了这本书后，我对历史上的一些事件和人物有了新的或更深刻的认识。

东西方之间的互相了解在很长一段时间里都是支离而模糊的，希腊、罗马时代的布里尼乌斯一度对中国人不大友好，这固然是他们眼界狭隘导致的，但是客观上也体现了古代交通的落后。丝绸之路的开辟加强了中西方之间的交流贸易，这种交流是双向的，且只有双向的交流才能更符合双方的利益，更有利于长久的发展。联系到现实生活中，习近平主席提出的“一带一路”倡议，正是基于古代丝绸之路的历史符号，“一带一路”顺应经济全球化的时代潮流，增进了沿线各国人民的人文交流，让各国人民共享和谐、安宁的生活。

对于太平天国的设想最终落空，我也有了更深刻的体会——时代的局限性是难以避免的，且历史是有其逻辑的，即历史有其自身发展的轨道，因此超越了时代的理想也就驶出了历史发展的轨道，最终是难以实现的。太平天国颁布的《天朝田亩制度》的确反映了小农阶级“凡天下田，天下人同耕”的愿景，但是这种绝对平均主义在当时的环境下，是不适用于生产方式的，因此这种土地制度只能沦为一纸空文。

此外，我对历史人物形象的认知也有了新的角度。例如康熙，“康乾盛世”的辉煌让我记住了这个勤奋而开明的君主，但是他自己却言道：“每览老臣致仕之奏，未尝不流涕。尔等有退休之时，朕何地可休息耶？”康熙作为一位君主，天下的大事何其多，但他在晚年时也感到疲惫和劳累，他又何尝不羡慕抱子弄孙的闲憩晚年生活？君主在享受奢侈的荣光时，也承担起了勤勉一生的责任，他的晚年相比平凡人，显得落寞而辛酸。

当然，本书仍有一些富含深刻韵味的话还有待我进行进一步思考。

作者评价中西方礼仪问题时，说：“资本主义的平等固然是一种虚伪的平等，但它毕竟是封建等级制度的历史否定物。”我想这是因为作者认为资本主义本质上是维护资产阶级的利益，是少数人的平等，是建立在私有制基础上的，而私有制是产生一切不平等的根源，因此这种表面上的平等实际上只是掩饰了社会地位的不平等。

作者在评论革命派推翻清朝的内容中，提到君权时说：“阶级是对立的，但滋养阶级的社会土壤并不是对立的。”在同样的社会环境下，衍生出了两种截然对立的群体，我想这也可能是历史发展的必然性。因为随着贫富的分化，有的人拥有了大量的生产资料，促使了社会的分工，逐渐发展成人与人之间的剥削关系。

在读了陈旭麓先生的《近代中国社会的新陈代谢》以后，我获益良多。它不仅告诉了我一些曾经没有接触过的历史术语，更重要的是通过作者全面细致的评析，我对历史事件和人物有了更深入的认识，学会了用辩证批判的眼光去看待历史上的事物。历史并非一成不变，需要改变的是我们的视角和思考的方式。

立体的曾国藩

——读《曾国藩的正面与侧面》有感

文/孙奕欣

说来惭愧，2019年上半年，我认认真真读完的书只有寥寥几本，还有几本只读了一半就搁置了。我一直对历史类的书籍很感兴趣，尤其是明清时期的历史，但一直没有刻意购入这方面的书籍。前段时间在书店看到《曾国藩的正面与侧面》，便果断买下，用了大概一星期看完。读书醒人，即使其包含作者一定的主观观念，但至少从这本书中可以窥见一个较为真实、立体的曾国藩和一个微妙、复杂的晚清官场。

《曾国藩的正面与侧面》这本书从曾国藩一生中的五次耻辱切入，讲述了他和左宗棠多年恩怨的始末、他为官的生活等。其中有大量曾国藩的家书、旁人的记录以及正史记载等史料，内容比较客观可信。

每个人都要经历漫长的成长过程，处在不同人生阶段的曾国藩，也有不同的心性和修养。

青年时代的曾国藩，家里生活并不宽裕，他的目标就是读书做官、光宗耀祖，和普通鄙陋的读书人的理想别无二致。曾国藩不是天资聪颖的人，光考秀才就考了七次，但自从考上秀才之后便一帆风顺。在任职京官期间，十年七迁，这是极为罕见的现象。任职京官十二年后，咸丰皇帝派他到湖南镇压太平天国运动。他来到湖南以后发现，正规军军队太过腐败、毫无纪律，竟然被武器落后的太平天国部队打得连连败退，于是决定自创“湘军”。湘军是地方军，中央不会批军费，训练、造械以及军饷等，都要曾国藩自己筹备。他只能求助于地方财政，但是此时，地方官员不仅不帮他，反而对他落井下石。为什么呢？原来是由于升迁太快，再加上受自身性格以及成长环境等因素影响，青年曾国藩说话冲、办事直，锋芒毕露，以唯我独善之态，高己卑人，随意指责他人，因此地方官员对他都没有好脸色。曾国藩历尽千辛万苦训练出了一支训练有素的军队，从此胜仗不断。此后他又率领湘军支援江西，也是连打胜仗。但即使这样，也还是筹不到军饷，此时愤懑难平的他接到父亲病逝的消息，半抱怨半委屈地向咸丰皇帝暗示他需要实权，但此时太平天国大势已去，咸丰皇帝便顺水推舟解除了他的兵权。曾国藩更是郁闷痛苦，有理难说。但正是居家这两年的反思与觉悟，彻底地改变了曾国藩，可以说这是他人生中重要的分水岭。青年时代的曾国藩，是一个平凡人，一个普通人，一个血气方刚、横冲莽撞的年轻人，一个光有志气却做不了大事的人，这两年使他反思自己为什么做事遭遇了这么多困难，自己有什么缺点，要如何改。大悔大悟之后，成长为崭新的、成熟的曾国藩。

重新出山的曾国藩，变得沉稳、谦虚、和气了，变得注意讲究礼节，也变得成熟了许多。他把事情都做得很漂亮，在官场中如鱼得水。吴方在《传送思想的能量与局限——由曾国藩看历史的来龙去脉》中，对曾国藩的复杂性这样分析：“以‘王霸杂术’持身、用人、施政、御军，曾国藩的成功主要在于他把握住了传统政治文化的精髓，有原则也有灵活性，亦即宗经而不舍权变。他有‘两手’‘三手’而不是只有‘一手’……降及晚清，这种‘两手’式的格局（儒学法家化或者儒法合流一表一里），又由曾国藩来实践了一回。说他那理学姿态是假的也罢，情况确实坏到‘不假不成’的地步，因此曾国藩又可以说‘真诚的伪饰’。这大概是中国政治思想史的一种尴尬的真相。”虽然后世就官场风气这方面揪出了曾国藩很多不正确、不道义的做法，但是仔细探究曾国藩的生活，可以发现他更多的行为显示，他并没有丢掉他力求做到的“圣人之道”，他还是保持着他内心的操守。由于清代的“低薪制”，官员必需的花销永远都比他的基本收入大得多，而曾国藩有很多大捞一笔钱的机会，但他都没有贪，几十年如一日和家眷过着清贫的生活。曾国藩死后五年，其子家人病重，缺钱医治，就足以证明曾国藩一生清正廉洁，毫无虚伪。那么，他的钱都花到哪里了？在训练湘军的时候，钱都投到军队里了；在做文官的时候，有各种打点关系的“潜规则”，不送礼根本办不成事，比如“冰敬”“炭敬”“别敬”“年敬”“香规”“程仪”等五花八门的“潜规则”，各种“陋规”看似腐朽，却是维持地方政府运转的必不可少的固定收入；再有，就是捐给需要帮助的百姓。曾国藩在公款和送礼方面设了一个“小金库”，而供自己家开销的则是另一个账户，这点来看，他公私很分明。从兵部侍郎到湘军统领，再到两江总督、直隶总督，曾国藩官职越升越高，但他的生活越过越简朴。“官中廉俸，尽举以充官中之用，未尝置屋一廛，增田一区。疏食菲衣，自甘淡泊，每食不得过四簋。男女婚嫁，不得过二百金，垂为家训。”甚至有时连回家的路费也出不起。晚年位高名重的他，鞋袜仍由夫人和儿媳儿女制作。

纵观曾国藩一生，他的为官风格十分独特。一方面，他确实是一个清官，货真价实，问心无愧。但另一方面，他又没有到像海瑞那样“清”得极端。他骨子里清廉刻苦，表面上和光同尘。他不大肆宣扬他的清廉，是因为他总结出，一个人特立独行，必然为众人所排斥。他的志向不是做清官，而是办大事。他做事更重效果，而非虚名。他的选择，远比做“清官”更复杂、更沉重。因此，他才具有大力量，才能成就大事业。

曾国藩最让我动容的是他的包容，他的气度。以前我对晚清各大臣之间的关系的了解仅仅来源于初中的历史课本，只知道他们有什么成就，从这本书我才知道这些人都各有千秋，优缺点也很明显。他和左宗棠，既是朋友又是敌人。左宗棠天资聪颖，却一生未中进士，曾国藩天赋平平却官运亨通。左宗棠在自卑、嫉妒的促使下，即使曾国藩是他的伯乐，不断提携他、帮助他，他也一生都不服曾国藩，始终挖苦打击。在曾国藩失意之时袖手旁观甚至落井下石，终则以怨报德，编织莫须有的罪名弹劾曾国藩，最后两人彻底失和。从认识曾国藩开始到曾国藩去世，左宗棠始终没有停止过在曾国藩的背后嘲笑并大骂曾国藩。但是曾国藩从未还一手，对左宗棠骂他的信都是统统不回复，不仅从未公开说过左宗棠一句坏话，反而经常对其他人称赞左宗棠，也从来没有陷害过左宗棠。左宗棠是用兵奇才、战略奇才，十分聪明，这一点曾国藩确实比不上，但是曾国藩的心性、做人的境界要比左宗棠高了太多。在老朋友郭嵩焘看来，曾国藩是圣贤，而左宗棠仅止于豪杰，这就是两人的根本区别。李鸿章作为他的弟子，也时常和他耍心眼、逞私心，但曾国藩却因为爱李之才，始终不改对李鸿章的关心、包容、提携。李鸿章对此终生感激涕零，到晚年更开口不离“我老师”三个字。

晚清的曾国藩，对这个王朝失去了希望，他发现自己用尽一生精力换来的“同治中兴”不过是一片虚假繁荣。大清王朝已经走到了末路。“吾日夜望死，忧见宗祏之陨。”但是他还是对事务尽心尽力，鞠躬尽瘁。晚年的他，还是洋务运动的主要参与者。他处在时代的夹缝，当时人们仅看到他抛弃天朝上国的虚荣，他提倡向外国学习科学技术，就已经颇具现代化的思想了，只是他仍没有跳出时代的局限性。这是曾国藩的悲哀，也是那个时代的悲哀。

读完全书，曾国藩是立体的，他不是街边书摊顶戴长须的千古完人，他也曾为愤青，天下皆浊我独清，生活的历练让他从批判走向了建设，他留给天下的除了清名还有精神。“洗除旧日晻昧卑污之见，矫然直趋广大光明之域，视人世之浮荣微利，若蝇蚋之触于目而不留。”这是曾国藩的人生箴言，他没有辜负他内心的原则和操守，他问心无愧。